Gustave BELOT, Marie HOLLEBECQUE,
J. TOUTAIN, Charles GUIGNEBERT
et Adolphe LODS

Dieux et Religions

SÉRIE DE CONFÉRENCES

de l'Union de libres penseurs et de libres croyants pour la culture morale

PARIS
F. RIEDER ET Cie, ÉDITEURS
7, PLACE SAINT-SULPICE, 7

1926

TRENTIÈME
ANNÉE
Fascicule
de 176 pages
illustré de
croquis d'art
La Grande
Revue
Conditions
PARIS ET DÉPARTEMENTS. fr.
37, rue de

Dieux et Religions

L'Union de libres penseurs et de libres croyants pour la culture morale (16, rue de la Sorbonne, Paris), — sous les auspices de laquelle ont été données les conférences contenues dans ce volume — n'est pas une Société d'études théologiques ou historiques: c'est une association de libres penseurs et de libres croyants qui, désireux de se mieux connaître, ont résolu de confronter, en toute indépendance, en toute loyauté, et dans une haute et exclusive préoccupation de culture morale, leurs « raisons de vivre ».

Et persuadés, les uns et les autres, que ces deux conceptions de la vie morale et sociale ne sont nullement contradictoires, ils en cherchent sans passion les valeurs d'harmonie, en vue d'organiser « pour eux-mêmes, pour leurs enfants et pour leurs concitoyens, une culture morale appropriée à leur idéal commun de justice et de fraternité. »

Or, comme les éléments de cette culture sont nécessairement empruntés au patrimoine philosophique et religieux de l'humanité, il s'impose que l'étude des « livres saints » de tous les peuples entre directement dans le cadre de leurs préoccupations.

Mais comme l'Union s'interdit d'adhérer en tant qu'association « à aucune école, à aucun parti », il s'ensuit qu'elle ne saurait adhérer à aucune des conclusions de tel ou tel de ses conférenciers qui restent seuls responsables des idées qu'ils professent.

Aussi bien, il est de tradition, chez elle, de ne jamais faire entendre un orateur sans soumettre son exposé à une libre discussion. La dernière conférence de ce recueil donnera une idée de ces controverses pleines de mesure où chacun s'efforçant à une compréhension plus grande de la pensée adverse apporte son témoignage personnel comme une simple contribution à une vérité que personne ne possède dans son intégralité.

E. Giran,
Secrétaire général.

COLLECTION DE " LA GRANDE REVUE "

GUSTAVE BELOT, MARIE HOLLEBECQUE,
J. TOUTAIN, CHARLES GUIGNEBERT
et ADOLPHE LODS

Dieux et Religions

SÉRIE DE CONFÉRENCES

de l'Union de libres penseurs et de libres croyants pour la culture morale

PARIS
F. RIEDER ET Cie, ÉDITEURS
7, PLACE SAINT-SULPICE, 7

1926

TABLE DES MATIÈRES

INTRODUCTION

L'Histoire des Religions et sa portée

par

GUSTAVE BELOT

Dans un discours prononcé le 22 novembre 1921 à l'occasion de la rentrée solennelle des Facultés de l'Université de Strasbourg, M. P. Sabatier, parlant de la place qu'il conviendrait de faire à l'histoire des Religions dans notre enseignement public, remarquait que cette histoire n'avait pas pleinement participé à la brillante renaissance des études historiques qui caractérise le XIXe siècle. Sans méconnaître les grands progrès réalisés sur ce point, il observait que ces progrès n'avaient guère touché qu'un petit nombre de spécialistes et que le grand public y était resté à peu près étranger.

La connaissance des religions et en particulier celle de leur histoire se trouve, du moins chez nous, placée dans des conditions singulières et assez contradictoires. On ne trouverait évidemment aucune difficulté, du moins aucune difficulté morale, à faire connaître au public, et en particulier à la jeunesse, les religions lointaines soit dans le temps, soit dans l'espace, c'est-à-dire celles qui doivent le moins nous intéresser et qui paraissent un objet de pure curiosité. Mais dès qu'il s'agit des religions qui ont leur place dans notre civilisation, qui l'expliquent en partie, et qui même y règnent encore si elles n'y gouvernent plus, il semble qu'on soit en présence de deux poussés contraires.

D'une part, il apparaît vraiment scandaleux que nos enfants soient tenus dans une si profonde ignorance des religions qui les enveloppent, de leur histoire, de leur contenu suprême. On embarrasserait la plupart de nos bacheliers en leur demandant de quels livres à peu près se compose l'Ancien Testament. J'ai vu nombre de catholiques ignorer en quelle langue sont écrits les Evangiles ; ils ne les connaissent que sous la forme fragmentaire et latine que leur livre de messe leur présente. A plus forte raison n'ont-ils aucune notion de la formation des dogmes, des Conciles qui les ont consacrés, des diverses « hérésies » qui les ont suscités ou qui, au contraire, y ont trouvé occasion de naître. La défaveur est telle que, même au point de vue purement « littéraire », ces livres, qui ont une telle importance dans notre civilisation, dont nos arts, poésie, peinture, architecture, musique, se sont si abondamment inspirés, sont beaucoup plus ignorés, même des gens cultivés, que ne le sont Homère ou Hésiode.

Mais cette indifférence a pour corrélatif, et peut-être en partie pour cause, l'espèce de défiance où dès longtemps a été tenu, chez nous du moins, par les hommes de foi et par le clergé, tout enseignement non confessionnel des choses de la Religion et en particulier de son histoire. La manie puérile des Homais qui prétendent rayer le nom de Dieu des fables de La Fontaine, a pour digne pendant la prétention d'interdire aux profanes d'ouvrir la bouche, même avec les meilleures intentions du monde, sur cet ordre de questions. Toute connaissance de la religion est chez nous dogmatique et confessionnelle. C'est la même étroitesse de vues des deux côtés. Car si l'on se place au point de vue historique, il est aussi naturel et aussi peu inquiétant d'entendre La Fontaine parler de « Dieu », que d'entendre Homère parler d'Arès ou Virgile de Vénus. Et, d'autre part, que les peuples anciens aient eu d'autres dieux que « Dieu », cette inévitable constatation devrait susciter dans un esprit tant soit peu réfléchi des questions aussi dangereuses que peut le faire n'importe quelle histoire.

Mais c'est justement de comparaisons de ce genre qu'on ne veut pas, et il faut reconnaître que ce n'est pas sans raison, quand on se place au point de vue dogmatique, que l'on tient l'histoire en défiance. Renan disait que l'histoire était plus à redouter pour les dogmes que la critique purement philosophique ; il devait en savoir quelque chose. Sans discuter ici cette question, on peut admettre qu'il est toujours possible de trouver dans les ressources de la dialectique et de la psychologie le moyen de biaiser avec la formule littérale des dogmes reçus, et de l'adapter à la pensée la plus « moderne ». Nous savons quels prodiges de subtilité ont été accomplis dans ce sens. Et si le croyant résolu peut, en effet, être tenté de sauver la lettre en renouvelant l'esprit, le libre-penseur conséquent ne peut, d'autre part, se refuser à reconnaître que tout ce qui a jamais trouvé place dans une pensée humaine doit avoir un sens ou une raison d'être. Pourtant, beaucoup, dans l'un et l'autre camp, en face de tels compromis, se tiendront sur la réserve pour des raisons opposées. Le croyant strict estimera que toute interprétation est une négation, et toute traduction une trahison, et qu'il ne faut pas altérer la valeur originelle ou populaire du dogme ; son adversaire verra dans cette trop ingénieuse apologétique une tentative pour séduire sa conscience et en crocheter la porte avec une fausse clef.

L'histoire, par son objectivité, ignore ces complaisances et peut vaincre ces résistances. Si modestes que puissent être les résultats obtenus par ces « petites sciences conjecturales », la probité de leur méthode est pour elles une force incomparable. A prétendre les écarter, on ne ferait que se disqualifier d'avance. Alors quelle ne sera pas l'émotion avec laquelle on assistera à la révélation historique des origines de la Révélation, aux tâtonnements et aux revirements qu'ont éprouvés dans leur formation les dogmes « immuables », à la logique très spéciale qui a provoqué leur prolifération, aux causes humaines, trop humaines, qui ont déterminé les institutions divines ? Quelle profonde impression ne fera pas la claire perception des analogies qui s'observent entre les religions qui nous sont devenues étrangères et celles que pratiquent et vénèrent les sociétés où nous vivons !

***

Malheureusement, l'indifférence artificiellement entretenue à l'égard de l'histoire des religions qui devraient le plus nous intéresser s'est très naturellement étendue à toutes les autres. Les habitudes d'esprit du troupeau des fidèles font ici cause commune avec le voltairianisme superficiel de l'autre troupeau. Pour les premiers, il n'y avait, avant la Révélation, qu'un abîme d'« ignorance et d'erreur » où l'humanité était plongée par sa faute originelle. Pour les seconds, il n'y avait qu'une série de délires de l'imagination et du « fanatisme » ou encore de savantes et perfides inventions des « prêtres et des rois » pour dominer les peuples ; il suffisait que la Raison apportât ses lumières (d'où venaient-elles ? c'était la grosse question), pour dissiper ces ténèbres. De part et d'autre l'éclosion et la vie spontanée des religions, leur force en quelque sorte naturelle, leur réalité psychologique et sociale, étaient méconnues ou sous-estimées. Quel intérêt pouvait avoir à l'un ou l'autre point de vue la connaissance de ces vastes délires collectifs qu'étaient les religions « païennes » ? Pour les uns, ou bien elles n'étaient plus qu'un souvenir évanoui dont on pouvait tout au plus s'amuser comme d'un rêve poétique, mais qui ne valait pas une étude sérieuse ; ou bien dans la mesure où quelques portions déshéritées de l'humanité ne les avaient pas encore rejetées, il fallait les combattre en leur apportant la « vraie foi ». — Pour les autres, plus aristocrates et plus sceptiques, les religions étaient en elles-mêmes indifférentes et peut-être même « bonnes pour le peuple » dont il ne valait pas la peine pour si peu de déranger les habitudes, pourvu que l'intolérance et la persécution, odieuses à la raison et gênantes pour sa diffusion, ne se missent pas de la partie.

On sait la place qu'a tenue dans l'histoire de la pensée religieuse française cette idée de « l'Indifférence en matière de Religion ». C'est sous cet aspect que Lamennais et ses précurseurs envisageaient la question religieuse et concevaient leur apologétique (1). Mais à s'en tenir à cette formule, elle était ambiguë. S'agissait-il d'une indifférence théorique relativement à la *vérité* des religions, ou d'une indifférence pratique à l'égard de leur *utilité*, ou même d'une sorte d'indifférence *historique* qui eût consisté à considérer les religions comme des institutions factices greffées en quelque sorte sur les sociétés,

(1) Cf. Chr. Maréchal, *La jeunesse de Lamennais*, IVe partie (Perrin).

mais ne faisant pas corps avec leur réalité et leur vie ? Ce sont là des idées bien différentes qui semblent avoir été parfois confondues ou juxtaposées dans les discussions de cette époque.

En un sens (le second), ceux qui combattaient l'Indifférence auraient été bien peu en harmonie avec leur temps. Sans doute il y avait, comme toujours, des sceptiques indifférents à la vérité intrinsèque des religions, pourvu qu'elles ne fussent pas positivement dangereuses ou que même elles fussent utiles. Mais cela même implique que leur valeur pratique était prise en considération. Ce fut justement, du milieu du XVIIIe au milieu du XIXe siècle, une idée tout à fait courante et à la mode, qu'il fallait bien dans un Etat une religion et que cela avait une importance capitale, mais qu'il s'agissait de savoir quelle serait la meilleure. Faute d'un sens historique suffisant, on discutait la question en faisant abstraction de tout déterminisme historique. Si l'on trouvait que les religions établies et traditionnelles étaient inacceptables à quelque point de vue, on n'hésitait pas à en imaginer une à créer de toutes pièces. On forgeait une religion, comme d'ailleurs à la même époque et en vertu de la même tournure d'esprit, on forgeait des constitutions nationales ou même internationales. Rousseau, un des principaux adversaires pris à partie par Lamennais, comme il proposait une Constitution pour la Corse, et comme il était l'initiateur par excellence de toute la politique artificialiste, ne prétendait-il pas définir et établir dans son Etat contractuel une « Religion civile » jugée indispensable à la solidité de l'Etat (1) ? On sait quelle fut, pendant toute la période révolutionnaire, la double floraison et des constructions constitutionnelles, et des tentatives pour organiser de nouveaux cultes indépendants des tra-

(1) *Contrat Social*, Livre IV.

ditions. Saint-Simon et A. Comte n'ont fait que suivre ce mouvement.

Il ne semble donc pas qu'on fût précisément indifférent à l'existence même d'une religion ; on admettait couramment qu'une société ne pouvait s'en passer. Que faisaient de leur côté les adversaires de la soi-disant indifférence en matière de religion, si ce n'est de chercher, eux aussi, quelle était la meilleure ? Seulement ils prétendaient prouver précisément qu'il ne pouvait être question d'établir une autre religion que le Catholicisme romain. Sans doute on en faisait une apologie directe en essayant de montrer que c'était la plus vraie et aussi la meilleure. Mais avant tout elle avait l'avantage d'exister et d'avoir ses racines dans le passé social. De Bonald, si l'on fait abstraction des préventions doctrinales qui l'aveuglent, avait certainement un sens historique qui manquait à Rousseau et aux autres. Pour lui la religion avait quelque chose de primitif et de naturel. Elle était intimement liée à la vie et à l'histoire des peuples et ne pouvait être conçue comme une production artificielle de la réflexion individuelle. Elle était, comme nous dirions aujourd'hui, un fait essentiellement sociologique (1). Le protestantisme, en soumettant la religion à la critique de la raison individuelle, la dissolvait. Pour Lamennais également, c'est l'humanité dans son ensemble qui seule pouvait avoir le dépôt de la vérité religieuse. Il est curieux de remarquer que Comte, disciple à certains égards de De Maistre et de De Bonald, adversaire comme eux, et pour des raisons en grande partie semblables, de l'individualisme et du Protestantisme, que Comte, fondateur de la Sociologie et l'un des principaux initiateurs de l'« Historisme », ait donné dans une utopie con-

(1) Maréchal, op cit. p. 673, Cf. Moulinié, De Bonald, p. 303-311 (Alcan, 1915).

damnée par les données les plus évidentes de la sociologie, en se figurant pouvoir instituer une religion fabriquée, alors que toute l'histoire est là pour attester le caractère essentiellement social et spontané des religions. Il est étrange qu'il ait cru à la possibilité d'une sorte de métempsychose sociale, aussi inconcevable que celle dont Aristote avait montré le caractère irrationnel, et prétendu insérer dans le corps de la vieille église catholique l'âme toute fraîche éclose du positivisme. Au fond tous ces penseurs étaient donc d'accord sur l'importance et la nécessité sociale de la religion, et le débat était surtout entre ceux qui voulaient affermir le privilège historique de la religion léguée par la tradition, et ceux qui croyaient possible et nécessaire de la remplacer par le produit factice de la Raison. Napoléon (1), en s'appuyant délibérément sur le Catholicisme, ne faisait à cet égard que mettre en pratique l'idée commune d'une religion d'Etat ; seulement comme il était pressé et réaliste, il raisonna plutôt comme de Bonald que comme les inventeurs du culte de l'Etre Suprême ou de la Déesse Raison. Il se contentait, à cause même du caractère politique de sa conception, de prendre ses précautions contre un « Ultramontanisme » qui compromettrait le caractère national de la religion de « ses sujets ».

***

C'est qu'en réalité nous avons mal défini le terrain sur lequel se plaçaient les adversaires de « l'Indifférence ». Il ne s'agissait pour eux ni de savoir si les consciences individuelles pouvaient rester indifférentes entre plusieurs religions diverses qui

(1) Nous avons cité le texte, d'après le « Calendrier manuel des Serviteurs de la Vérité », dans notre article sur « l'Athéisme ». *Rev. de Métaph.*, mars 1913.

évidemment ne peuvent être toutes vraies ensemble ; ni même de savoir si le corps social peut indifféremment et docilement recevoir n'importe quelle institution religieuse. La question n'était ni purement morale ni surtout purement sociologique. Elle était politique. La question était de savoir si *l'Etat* pouvait rester indifférent entre les diverses sectes ; c'était la question de la « tolérance philosophique » de l'Etat ou, comme nous le dirions aujourd'hui, de la neutralité, ou mieux de la laïcité de l'Etat ; question alors assez nouvelle pour qu'il ne faille pas s'étonner qu'elle ait été assez imparfaitement posée.

Il est assez remarquable que les apologistes de l'école de Bonald et de Lamennais, en appelant l'histoire et l'esprit historique, presque déjà sociologique, à leur secours, forgeaient peut-être des armes contre eux-mêmes ; ils lançaient un boomerang qui risquait de revenir sur eux et de les frapper. Un Etat qui se fût fait l'auxiliaire de la religion traditionnelle n'aurait guère pu admettre qu'elle devînt l'objet d'une histoire impartiale, et en ce sens, indifférente. Inversement, c'est le principe posé, et en grande partie réalisé, de la laïcité de l'Etat qui permet le mieux de faire sa place à l'enseignement de l'histoire des religions. L'intérêt proprement historique, à l'égard d'un objet donné, n'apparaît guère que dans la mesure où l'intérêt pratique s'en est, au moins provisoirement, effacé. Mais d'autre part là où l'on a pris goût aux recherches historiques, il n'est guère possible que leur développement n'arrive pas, en dépit des résistances, à soumettre les faits religieux à la critique, d'autant que l'historien ne pourra méconnaître l'importance majeure de la religion dans l'histoire et dans la vie des peuples ; et du moment que l'intérêt est éveillé de ce côté, comment le limiterait-on et refuserait-on de le laisser s'étendre aux temps et aux milieux les plus voisins de nous ?

Si l'on hésite à le faire, c'est précisément à cause de l'antinomie que nous indiquions tout à l'heure entre l'intérêt historique et l'intérêt pratique. En un sens, il semble nécessaire que nous nous désintéressions pratiquement de la religion pour en faire un objet de recherche historique. C'est d'ailleurs cette même antinomie que nous présente sous une forme singulière la Sociologie de Comte et de Durkheim. S'il était vrai que toute autorité morale et même intellectuelle émane de la Société, et que par conséquent l'autorité sociale doit rester inébranlable, le premier soin de la société serait d'interdire la sociologie et de censurer les sociologues. Car si, dans leurs conclusions, ils veulent bien affirmer cette autorité et pensent la fonder sur l'histoire, ils ont dû commencer par user, dans leur méthode, d'une parfaite liberté à son égard. Au moment même où l'on nous présente le social comme essentiellement *sacré*, on le profane par la liberté critique qu'on y applique ; et en effet il a fallu que cette autorité commençât par faiblir pour que la vie des sociétés et en particulier la tradition religieuse fussent prises pour objet de science. Nous retrouverions d'ailleurs cette même antinomie sous un aspect proprement logique. L'histoire des religions est une réflexion individuelle sur une fonction éminemment collective, et s'il y avait l'hétérogénéité qu'on prétend entre la pensée collective et la pensée individuelle, la Religion devrait nous rester un mystère impénétrable. L'histoire des religions est d'autre part une étude critique d'une forme de pensée caractérisée par l'absence de critique. C'est une étude désintéressée d'une fonction qui est toute pratique au point d'avoir été longtemps étrangère à toute idée de vérité (1). Dans ces conditions comment une étude des religions pourrait-elle

(1) Voir l'article cité plus haut sur l'Athéisme, p. 166.

être religieuse en elle-même ? Ce n'est donc pas tout à fait sans raison que les croyants ont toujours redouté qu'elle ne devînt irreligieuse, et de là les résistances éprouvées par toute tentative d'en développer l'enseignement (1).

***

Mais peut-être l'histoire n'est-elle pas tout ici, et peut-être aussi la pensée « collective » n'est-elle ni si irréductible, ni si absorbante qu'on semble le croire.

L'histoire, tout d'abord (ni même peut-être la sociologie) n'atteint pas absolument les origines de la religion. Elle n'en saisit que des phases moyennes. Par suite il lui est peut-être impossible de donner de la fonction qu'elle étudie une définition pleinement satisfaisante. Pas plus que pour le langage, l'histoire ne saisit jamais complètement la genèse initiale de la religion. Là même où l'on croit saisir cette origine, ce serait une illusion de penser qu'on tient le sens complet de la religion ; car une telle fonction se définit autant par ses développements que par ses germes. Sa genèse est une constante *épigénèse*. Comme nous l'avons dit ailleurs, elle *est* tout ce qu'elle *devient*.

D'autre part, l'histoire ne saisit guère des religions que les institutions extérieures, où s'incarnent tout au plus la formule des croyances et des sentiments qui l'animent. Mais, comme pour le langage encore, il semble que la psychologie seule puisse atteindre le germe vivant de la fonction. L'analyse psy-

(1) De nouveau, nous ne parlons ici que pour la France, et peut-être pour les pays de formation catholique. En pays protestant la situation serait assez différente, puisque le protestantisme, reposant sur l'étude des livres saints et cherchant à définir sa foi par un *retour* à l'inspiration primitive, a toujours été amené à faire sa part, et une part considérable, à la critique historique et à en affirmer les droits, alors même qu'on n'en mesurait pas toute la portée.

chologique et la critique morale semblent nécessaires pour pénétrer dans l'intimité spirituelle des religions. Elles ont besoin sans doute de s'éclairer ici des découvertes de l'histoire et de la sociologie sous peine de se livrer à des constructions arbitraires, comme il est arrivé à certains théoriciens (1). Pourtant si la religion est avant tout une fonction spirituelle dans sa nature en même temps que sociale dans ses manifestations, il faut bien, pour arriver à la comprendre, que nous essayions de réaliser en nous la forme de pensée qui la caractérise. S'il y a l'hétérogénéité que l'on prétend entre la pensée primitive et la nôtre, entre la pensée « collective » et la pensée individuelle, à l'aide de quel fil conducteur pourrions-nous constituer la continuité de l'histoire des religions ? Si au contraire une telle histoire est possible, c'est que, dans quelque mesure, nous pouvons repenser ce qui a rempli cette âme primitive et cette âme collective ; et si nous le pouvons, nous devons l'essayer, à moins de ne donner qu'une idée morte d'une forme de vie.

Il est donc impossible de tenter une telle histoire sans une certaine *sympathie*, toute philosophique et psychologique, cela s'entend, pour les formes de pensée que nous étudions. M. Durkheim lui-même, qui nous demande d'étudier les faits sociaux *comme des choses*, s'est révélé profondément apte à cette sorte de sympathie, lorsque, avec la force d'imagination et d'expression que l'on sait, il nous a fait sentir l'intensité d'excitation qui accompagne un « corrobori » australien, ou que même il nous montre dans le sacrifice de l'« Intichiuma » une opération psychologiquement très raisonnable (2). Une étude scientifique peut être très désintéressée dans sa méthode et même

(1) Qu'on me permette de renvoyer sur ce point à notre article initial, dans le volume *Morales et Religions*, p. 3 (Alcan, Bibl. générale des sc. sociales, 1909).

(2) Formes élémentaires de la vie religieuse, p. 311 et p. 495.

dans ses résultats ; il serait absurde de demander que son objet ne nous intéresse pas en lui-même, et de croire que, à le mieux connaître, nous ne satisfaisons pas une tendance profonde et relativement impersonnelle de notre conscience. Nous nous sentons reliés à toute l'humanité, et peut-être ce sentiment même est-il la forme la plus normale du sentiment religieux dans l'homme moderne ; nous ne pouvons pas ne pas désirer connaître et même comprendre les efforts de l'humanité à travers ses tâtonnements et ses erreurs, ne pas nous réjouir de trouver un sens acceptable et une raison positive jusque dans ses aberrations, ne pas essayer, en expliquant ses échecs, de dessiner la ligne de ses progrès. M. Loisy, dans son dernier livre, *La Morale Humaine*, nous donne un bon modèle de cette ouverture d'esprit dont la Prière sur l'Acropole était déjà une éloquente expression. Sans doute pour considérer ainsi les religions, il faut se défaire de tout dogmatisme ; mais il ne faut pas moins faire taire en nous les antidogmatismes, si nous voulons saisir, sous les erreurs, les « superstitions », les idolâtries, la part de vérité et d'efficacité humaine positive qu'elles renferment, sous les ritualismes et la lettre des formules la vie agissante, sous les symboles les réalités, enfin sous le « mysticisme » même, qui n'est peut-être que le sentiment d'une inadéquation continue, mais sans cesse déplacée de notre conscience à la réalité et à l'idéal, l'intelligibilité foncière, quoique non encore explicite, de toute la vie spirituelle.

Ainsi la critique, lorsqu'on sait en faire la critique, n'apparaît pas purement négative et destructive. Elle l'est inévitablement, il est vrai, pour une part, puisqu'il faut bien déblayer pour construire. Mais sans le besoin de vérité et de clarté, de construction et de progrès, la critique même ne saurait prendre naissance. C'est le besoin de comprendre qui est intellectuellement le ressort positif de toute opération telle que l'ironie socratique ou le doute cartésien. C'est le besoin d'une organisation plus équilibrée et plus stable, moins sujette aux conflits et aux déperditions de force, qui est de même le ressort de toute critique morale et sociale. Un certain pragmatisme, à commencer par celui de Comte, est disposé à faire taire la critique au nom de l'utilité sociale. Mais à pragmatisme, pragmatisme et demi : l'idée même d'exercer la critique ne naîtrait pas si l'utilité dont il s'agit était pleinement sentie ou subsistait intégralement. De même que le traditionalisme, comme doctrine, n'apparaît qu'au moment où la tradition, comme fait spontané, ne suffit plus, de même l'histoire critique des religions suppose bien que leur autorité n'est plus incontestée, et que, de celles qui nous semblent décidément mortes jusqu'à celles qui nous enveloppent, nous sentons une analogie et une continuité dont celles-ci pourront avoir à souffrir. Mais cette continuité même, en prenant le temps à rebours, nous permet de comprendre comment ce qui est mort a cependant vécu, comment ce que nous savons avoir été imaginaire a agi et possédé par conséquent une sorte de réalité. Certes si le tout de la religion se résolvait en institutions, en pratiques et en dogmes, l'histoire pourrait lui être fatale, car toute réalité historique est par définition sujette aux péripéties du temps et à la caducité. L'immobilité d'une abstraction est seule en dehors de l'histoire. Mais inversement, il n'y aurait pas non plus d'histoire sans un principe interne de développement dont le temps réel est le « phénomène » ; nous ne faisons l'histoire que de ce qui possède une réalité vivante. S'il faut s'attendre à voir la critique historique affaiblir sur certains points ce qu'elle touche, on peut donc être certain aussi qu'elle ne le fait que parce qu'elle sent et pense découvrir, à côté, une valeur positive qui fonde l'intérêt de sa recherche. L'histoire est à certains égards la fossoyeuse du passé dont elle recouvre pieusement les cendres d'une pelletée de terre. Mais dans le passé, tout ne meurt pas, et quelque chose en subsiste toujours qu'elle dégage, et en un sens ressuscite. L'histoire même des religions nous fait assister à la continuelle résurrection des Dieux. N'ayons pas peur que l'idéal humain véritable puisse jamais être enfoui dans une tombe scellée pour toujours.

GUSTAVE BELOT.

Les formes primitives de la Religion et de la Magie

par

Marie HOLLEBECQUE

Mesdames, Messieurs,

Posé sous ce titre, le sujet comporte une étude détaillée de la distinction qui s'établit, à l'origine des sociétés, entre les faits religieux et les faits magiques.

Si nous cédions à la tentation de définir et d'expliquer l'un et l'autre de ces phénomènes, cela nous entraînerait à discuter des théories aussi complexes que subtiles, et nous écarterait de la question véritable, qui est d'examiner les idées premières à l'aide desquelles l'homme a construit son système explicatif de l'univers, des choses et de lui-même.

Force nous sera donc de réduire et de simplifier le sujet, ce dont nous nous excusons, car simplifier veut presque toujours dire transformer et déformer.

L'étude des formes élémentaires de la croyance et des cultes, au début des Civilisations, absorbera tout notre effort. D'ailleurs, à ces époques, les frontières qui séparent la magie de la religion sont à tel point indécises et flottantes, qu'il est pratiquement impossible de les délimiter. Il faut arriver au moment où les religions ont élargi et précisé leurs cadres, pour voir s'établir, par contraste, un rituel qui les dénature en les imitant, et dont bénéficie la caste réprouvée et secrète des sorciers... Mais, là aussi, des exemples peuvent être invoqués qui attestent les rapports de voisinage dont se réclament encore la magie et la religion. Ne voit-on pas, dans l'Inde, figurer parmi les cinq livres sacrés du védisme l'Atharva-Véda, dont les rites incantatoires survivent du vieux formulaire des magiciens ?

Qu'il nous suffise donc ici d'indiquer, de façon sommaire, les différences qui séparent l'une de l'autre l'activité religieuse et l'activité magique, et qui permettent de les distinguer au cours des âges.

Comme le prêtre, le magicien agit sur le monde des choses sacrées et le soumet au moyen des rites. Mais, tandis que la religion tend à unir les individus qui adhèrent à ses cultes et à devenir ainsi la plus contraignante des forces collectives, la magie reste un art individuel, et ses rites, loin d'avoir une valeur d'utilité sociale, sont tournés contre la société au bénéfice des individus. De même qu'il n'y a pas de religion sans Eglise, il n'y a de magie que hors l'Eglise. La masse des fidèles se tient à l'écart des magiciens ; elle ne les emploie que dans des cas exceptionnels ; et, le mystère en plus, ses rapports avec eux peuvent être comparés à ceux du médecin avec ses clients.

En veut-on un exemple ? Au cours de certaines cérémonies religieuses, le prêtre, sollicité par un fidèle et devenu sorcier pour la circonstance, introduit des pratiques magiques pour nuire à un individu ou pour le servir. C'est ainsi que, dans l'Inde, le *hotar* (prêtre) peut allonger ou raccourcir la vie de celui à qui il destine le sacrifice, selon qu'il verse de plus ou moins haut la libation. C'est bien là un acte magique, car l'officiant se sert de la liturgie pour des buts criminels.

Dans d'autres circonstances, il suffit de renverser la pratique religieuse pour qu'elle devienne magique ; ainsi, lorsqu'on utilise l'hostie pour envoûter son ennemi, ou que la messe — devenue noire — sert à évoquer Satan.

Les modes d'action du prêtre et du magicien visent donc des buts différents. Le prêtre obéit aux puissances surnaturelles, dont il se croit le dépositaire ; le magicien leur commande et les provoque.

Ces deux systèmes se repoussent : la religion marque une répugnance pour la magie et la magie profane la religion. Ce qui les distingue donc l'une de l'autre, c'est que la première vise un but éminemment social, et que l'autre ne poursuit que des fins individuelles.

Avec les peuples primitifs, nous n'en sommes pas encore à ces distinctions précises. Sans doute, on peut discerner une manière d'imaginer les choses et d'opérer sur elles qui est propre à certains individus, et qui devrait relever de la magie ; mais cela ne constitue pas vis-à-vis du groupe un délit, et ne revêt jamais l'aspect d'un art secret et réprouvé. Ces pratiques privées sont considérées avec la même faveur que les pratiques collectives. Bien plus, — parties des individus, elles finissent presque toujours par entraîner le clan tout entier. Tel est, entre autres, le cas des expéditions de vengeance qui règlent, à l'origine, l'attitude de chaque membre du clan à l'égard de ses morts et à l'égard du meurtrier supposé. Les conjurations personnelles deviennent le point de départ d'une véritable guerre de clan à clan.

Sir James Frazer a fixé, dans une de ses théories, étayée sur une si riche moisson de faits, l'état d'esprit proprement magique des peuples non civilisés. Selon lui, le primitif croit, d'une part, qu'il peut produire ce qu'il désire en l'imitant, — ce qui constitue la magie imitative, — et, de l'autre, qu'il peut influencer de loin les personnes et les objets dont il possède une parcelle, — ce qui constitue la magie sympathique.

Or, à l'inverse de ce qui se passe dans les sociétés plus évoluées, ces croyances dites magiques, le sauvage les transporte aussi dans sa religion. Il y a constamment, par son fait et sans le moindre sacrilège, mélange et échange de pratiques.

Nous avons donc quelque droit de dire qu'à ce degré de civilisation, magie et religion se confondent et qu'il nous est possible, sans grande erreur, de ramener le sujet à l'unité. Plutôt que de distinguer, d'après une méthode savante mais spécieuse, entre des phénomènes semblables, mieux vaut, croyons-nous, essayer de connaître avec quelque précision les manières de penser et d'agir des primitifs, et d'entrevoir, par l'étude des premières formes de la vie religieuse, ce que fut, à l'origine, la psychologie humaine.

Ces procédés de raisonnement incertains et débiles, qui caractérisent le primitif, sir James Frazer les a ainsi définis dans le *Rameau d'Or :*

« Un sauvage ne conçoit que difficilement la distinction que font entre le naturel et le surnaturel les peuples plus civilisés. Pour lui, le monde est travaillé de toutes parts par des agents surnaturels, par des êtres personnels qui, agissant pour des motifs semblables à ceux qui le font agir lui-même, peuvent être, comme lui, touchés par des appels à la pitié, à l'espérance, à la crainte.

« Dans un monde ainsi conçu, le sauvage croit qu'il peut toujours modifier à son propre avantage le cours de la nature. Des prières, des promesses, des menaces pourront amener les dieux à lui donner du beau temps ou une moisson abondante.

« Si un dieu vient à s'incarner dans sa propre personne, il n'a pas besoin d'implorer un plus puissant que lui. Il possède, en effet, en lui-même, tous les pouvoirs nécessaires à assurer son propre bien-être et celui de ses concitoyens ».

Voilà donc expliqué, en quelques phrases nettes, le mécanisme de la pensée des primitifs. Persuadés qu'ils possèdent en eux un pouvoir actif — dont nous définirons plus loin la nature et les effets supposés — qui leur permet d'influencer les objets réels comme les êtres mythiques, ils ne cessent de mettre en œuvre cette force contraignante. La religion, par le moyen de ses rites, a pour fin dernière cette emprise de l'homme sur les choses, cet accroissement de sa personnalité et sa divinisation partielle.

Ces faits sont-ils explicables ? Oui, certes. Et c'est à quoi ont tendu depuis un demi-siècle les efforts concertés de l'ethnographie et de la science des religions. Mais pouvons-nous fournir ici les arguments de leur longue et difficile démonstration ? Pour cela, il nous faudrait, après avoir établi une définition, prendre chacun des éléments qui constituent le phénomène religieux, et les montrer, si l'on peut dire, en action, grâce à des exemples puisés dans les diverses civilisations.

Mais cela ne se ferait pas sans un grand étalage d'érudition, ni surtout sans redites et sans retouches, car les peuples dits sauvages, qui comprennent environ 235 millions d'individus, et qui sont répartis sur les cinq continents, sont loin d'être tous au même point de développement. Certains, qui en sont encore à l'âge de la pierre taillée, qui ne connaissent ni la maison, ni l'agriculture, ni les industries les plus simples, vivent d'une vie quasi-nomade, dans la brousse qu'ils sont incapables de défricher. Leurs cultes, à peine différenciés, se bornent à exalter les rapports qui les unissent aux plus humbles objets matériels, ainsi qu'aux plantes et aux animaux dont ils vivent... D'autres, au contraire, sont déjà parvenus à la condition de bergers et d'agriculteurs. Assemblés dans des villages établis parmi les champs et les vergers qu'ils cultivent, ils se sentent en relation permanente avec le vaste univers dont l'action pèse sur la végétation et les troupeaux. Ils suivent donc, en les transposant en une série de drames, la marche régulière des saisons, les phases de la lune, la course quotidienne et annuelle du soleil. Pour magnifier les forces de la nature, qu'ils vénèrent et redoutent, ils ont organisé les grands cultes agraires et divinisé les astres. Leurs mythes, qui racontent la vie et la mort des dieux, ont une ampleur et un pathétique grandioses. S'ils ne sont pas encore parvenus jusqu'à l'unité politique, ils travaillent du moins sur un plan d'observation et avec un matériel d'idées qui les place presque au rang des civilisés.

S'il nous fallait décrire tous ces faits, les rapprocher, les comparer, les classer, afin d'en extraire la ligne de progression continue de l'humanité, depuis l'âge des cavernes jusqu'au second âge du fer, nous n'aboutirions, en un espace si réduit, qu'à la pire des confusions.

Mieux vaut donc employer la seconde méthode, — plus modeste, mais plus sûre, — qui consiste à prendre un seul exemple, à se renfermer dans l'étude d'un seul groupe. Ainsi pourra-t-on tracer, en un tableau raccourci et singulièrement vivant, l'activité d'un clan primitif et démonter pièce à pièce le mécanisme si curieux de la pensée collective à ses débuts.

Prenons, par exemple, la civilisation australienne, qui passe pour la plus simple et, pour tout dire, la plus inférieure des civilisations connues. Décrire les formes de la vie religieuse exigerait encore beaucoup de place et de temps. Et il suffit, pour en juger, de se reporter à l'imposant volume que Durkheim leur a consacré... Nous en dirons presque autant en nous bornant au récit d'une cérémonie particulière à l'un des clans australiens, et en désignant au passage chacun des éléments religieux qui entrent en jeu dans la cérémonie.

C'est réduire à l'excès le sujet, dira-t-on ? Soit. Mais c'est aussi recourir au procédé le plus démonstratif.

De même, si l'on voulait, en cinquante minutes ou en quelques pages, retracer l'histoire du Christianisme depuis les origines jusqu'à la fin du Moyen-Age, on ne parviendrait pas à expliquer les faits essentiels de la doctrine. Mais en prenant l'acte central du culte, celui qui condense en lui tous les rites, les dogmes et les mythes : le sacrifice de la messe, on arriverait peut-être, par une analyse ténue et en l'animant de tout ce que la foi y a intégré, à donner de cette grande force explicative, passionnelle et expansive que fut le christianisme, une idée plus juste.

***

Suivant cette méthode descriptive et analytique, nous raconterons une des plus importantes cérémonies célébrées dans les clans australiens : *la Cérémonie de l'Intichiuma.*

En l'examinant dans le détail, nous constaterons que la vie religieuse de ces peuples — placés si bas sur l'échelle des civilisations — est déjà riche d'éléments organisés et contient presque tout ce qui, au cours de l'histoire des religions, va se développer et proliférer, prendre un aspect majestueux, et s'enrichir de notions intellectuelles.

En effet, si nous appliquons au *totémisme* des Australiens la définition que Durkheim a donnée de la religion : « *un système solidaire de croyances et de pratiques communes à un groupe d'individus et relatives à des choses sacrées* », nous constatons, — à l'aide de la seule cérémonie de l'Intichiuma — que tous les termes contenus dans la définition lui sont applicables.

Le totémisme est trop connu et a fait l'objet de trop de travaux célèbres pour que nous ayons à le caractériser longuement ici. Qu'il nous suffise de rappeler qu'il est tout ensemble un culte, une organisation politique et sociale, un système de parenté, un essai d'explication de l'univers. Ces faits sont d'ailleurs si intimement liés entre eux, et s'interpénètrent de telle sorte, qu'il serait impossible à l'Australien de les imaginer isolément. Seul le travail de l'analyse sociologique permet de les dissocier.

Dans le totémisme, les gens se croient donc unis à une espèce animale et végétale dont ils portent le nom, et apparentés entre eux par l'intermédiaire d'un grand ancêtre, qui est à la fois un homme et un animal ou une plante de cette espèce. On a ainsi les clans du kangourou, du corbeau, de la chenille, du chèvrefeuille, etc... dont les membres se disent eux-mêmes kangourous, corbeaux, chenilles, chèvrefeuilles, etc.

A une certaine époque de l'année, chaque clan organise la cérémonie de l'Intichiuma, en l'honneur de son ancêtre totem qu'il considère comme le premier instructeur des hommes et l'intermédiaire entre lui et les forces de la nature.

A ce culte s'attache une idée pratique : celle d'assurer, par la contrainte des rites, la reproduction des espèces animales et végétales, dont dépend le salut de tous, et de renouveler en chacun, par la consommation du totem — interdite en toute autre circonstance — le principe de vie qui garantit son existence.

Prenons comme type la cérémonie qui a lieu dans le clan de la chenille witchetty.

La date de la fête est fixée par un chef qui, de ce fait, prend le rôle de prêtre et d'officiant. Chez les Australiens, en effet, le culte ne se pratiquant pas de façon régulière et n'étant guère différencié de la vie sociale, il n'existe pas de prêtre attitré. Mais, aux moments utiles et avant les cérémonies, on voit se détacher du groupe un homme qui, avec le titre de chef, prend la direction des rites dont il a reçu, par transmission initiatique, le formulaire et le secret.

D'ailleurs, la date de la fête, qu'il semble choisir, lui est imposée par l'ordre même de la nature : c'est au moment où a lieu le croisement des espèces que les membres du clan doivent se réunir et, par leurs efforts concertés, obtenir la réussite de la fécondation et agir ainsi sur l'univers entier. Par le but poursuivi, on peut mesurer la valeur d'efficacité que le primitif attache aux rites.

Comme toute cérémonie religieuse bien ordonnée, — et la Messe des catholiques eux-mêmes ne se dérobe pas à cette loi, — celle-ci se décompose en trois parties : les rites d'entrée, le drame mythique aboutissant au sacrifice, les rites de sortie.

On désigne sous le nom de *rites d'entrée*, la série des actes préparatoires qui permet aux officiants de dépouiller les éléments profanes qui sont en eux, afin de pouvoir approcher sans risque les êtres sacrés qui vont se manifester dans la cérémonie. Toutes les religions possèdent, on le sait, des pratiques de lustration dont le nombre et la combinaison varient suivant la notion plus ou moins exacte que les fidèles ont de l'idée de pureté.

Investis de pouvoirs éminents, rendus semblables aux dieux eux-mêmes, les officiants peuvent alors prendre part à la cérémonie.

Lorsque celle-ci est terminée, il faut procéder aux *rites de sortie*, c'est-à-dire, — si l'on nous permet ce mot technique, — à la désacralisation de ceux qui ont participé au culte. En effet, en approchant des dieux, ils ont concentré en eux des forces redoutables et se sont mis momentanément dans un état de grandeur qui les isole du groupe. Leur contact est dangereux aux profanes qui, eux, n'ont pas le droit de jouer ainsi avec les forces divines. Le clan ne rentrera donc dans la normale que si ses prêtres se déchargent de l'influx surnaturel dont ils sont imprégnés. De là, l'importance et la nécessité des rites terminaux.

Pour comprendre l'Intichiuma et imaginer les émotions qui s'emparent alors des membres du clan, il faudrait pouvoir penser et sentir en primitif. Il faudrait surtout suivre le cortège d'idées qui obligent les initiés à répéter des actes fabuleux et les profanes à y croire.

Ce que nous savons de leurs croyances peut se ramener à ceci : les ancêtres mythiques, ceux qui vécurent à l'origine des temps et qui peut-être créèrent les choses, ont laissé des traces de leur passage sur la terre. Ces traces, ce sont le plus souvent des rochers et des pierres dont la forme insolite les marque d'un caractère à part. Ne ressemblant pas aux rochers et aux pierres ordinaires, ils sont censés contenir un principe qui n'est pas inclus dans les autres. Ce principe extra-naturel les désigne pour être l'enveloppe et la personnification des êtres sacrés.

Cette assimilation irrationnelle de la chose à l'être nous permet de pénétrer un peu plus avant dans la pensée des primitifs. Pour eux, tout objet nouveau, toute forme inaccoutumée, parce qu'ils sont motifs d'étonnement, deviennent Esprits et personnages sacrés. On ne dira jamais assez quel rôle l'élément du « Nouveau » a joué dans la formation des croyances et des cultes.

Voici donc les pierres et les rochers chargés d'une force mystérieuse ou, pour parler le langage des primitifs et des sociologues, d'un *mana* qui les divinise. Cette force, quelle en est la nature et comment agit-elle ?

Anonyme, impersonnelle et quasi-invisible, elle circule à travers le monde et se distribue en parties inégales sur les êtres et les choses, douant les uns de qualités éminentes ou entretenant simplement chez les autres la vie. Elle est, en somme, la première représentation de cette idée qu'il existe dans l'univers une réserve de forces qui lui permet de se manifester et de subsister.

Cette force, les primitifs ont essayé souvent de la décrire, et ils l'ont comparée au vent parce qu'ils l'imaginent à la façon d'un souffle qui traverse l'espace, entre dans les corps et les pénètre. Mais, bien qu'impalpable et intangible, ils lui supposent au moins une qualité matérielle : le poids. C'est ainsi que lorsque les membres de certaines sociétés secrètes sont investis du mana, ils croient ressentir tout-à-coup une lourdeur dans leurs membres et se courbent comme s'ils portaient un fardeau sur leurs épaules.

Ceci dit, on peut désigner cette force comme faisant partie des êtres et des objets sacrés. Ils en sont imprégnés et, grâce à elle, sont en état d'agir. Elle est donc la cause initiale de tout. C'est elle qui fait germer les plantes et naître les animaux ; c'est elle qui fait couler le sang dans les veines et qui anime en l'homme ces êtres personnels : les âmes, qui en font un être actif et mystérieux. Nous disons à dessein : les âmes, parce que dans toutes les sociétés primitives et dans le nombre de religions évoluées, l'homme croit posséder plusieurs âmes, localisées dans différentes parties de son corps : le sang, les cheveux, le regard, le cœur, le foie, etc., celles où, selon lui, vient se déposer le mana.

Cependant, cette force qui réside dans les hommes et leur confère la vie ne demeure pas en eux à l'état permanent. Elle s'affaiblit et diminue avec le temps et se perdrait même, — entraînant la mort — si, par le moyen des rites et par l'approche des choses sacrées, les hommes ne la réintégraient en eux. C'est pour opérer aux points vitaux de leur être cette transfusion du mana qu'ils ont institué les cérémonies de l'Intichiuma. En même temps qu'ils obligent les espèces protectrices à se reproduire, ils reprennent contact avec les forces mystérieuses dont sont construits les dieux. Mais le bienfait de cette reprise de forces ne se fait pas sentir seulement sur les individus ; la société tout entière y gagne en activité et en cohésion.

Mais revenons maintenant à la cérémonie.

Les Rites d'Entrée. — Dès que le chef ou *alatunja* a fixé le temps de la fête, il s'opère dans le clan une division. On sépare les simples profanes du chef et des initiés qui, formés en une sorte de Confrérie secrète, vont préparer le détail des rites et officier. Mis à l'écart, éloignés surtout des femmes et des enfants sur qui pèse un interdit religieux, ils procèdent à leur propre sacralisation.

Ils commencent par modifier d'abord leur attitude extérieure. Ils se dépouillent de tout ce qui constitue leurs vêtements habituels : les décors peints, les colliers, l'ornement nasal et même la ceinture de poils qu'il leur est habituellement défendu de quitter. Ils apparaissent entièrement nus. Ce premier rîte rentre dans le fait très général de la nudité sacrée que l'on observe dans presque toutes les religions.

Soumis au jeûne et aux prières, ils se mettent à confectionner les objets sacrés, sortes de lames de pierre ou de bois percées d'un trou sur lesquels sont peints, en schémas symboliques, la vie du totem, ici la chenille Witchetty. Ces objets, appelés *churingas*, comptent pour eux parmi les plus sacrés qui existent, tellement sacrés que leur nom — comme celui de l'Eternel chez les Juifs — ne doit jamais être prononcé et que les femmes, les enfants et les non-initiés ne doivent jamais les apercevoir. Lorsque, pour quelque nécessité, on les enlève du lieu saint où ils se trouvent, l'impression du sacrilège et du trouble social qu'il entraîne est si forte que, pendant cinq jours, les hommes se lamentent et portent le deuil.

Dès ce moment, les initiés se partagent en deux groupes : les officiants proprement dits et les vieillards qui, postés à un mille du camp, montent la garde et préparent le terrain sur lequel se fera la dernière partie de la fête.

La Cérémonie. — La cérémonie se déroule sur un espace déterminé et très étendu, qui est censé être le lieu où cheminèrent jadis les ancêtres, au temps où ils recueillirent pour la première fois les chenilles witchetty et assistèrent à la formation mystérieuse de la chrysalide.

Cette fête, outre qu'elle reproduit de façon mi-réelle et mi-symbolique le voyage des Ancêtres, est aussi une imitation de la vie de la chenille.

Le premier acte du chef et de ses aides consiste, en effet, à recueillir une certaine quantité de poussière qui, répandue aux quatre coins de l'horizon, figure la semence, l'influx vital qui fécondera l'espèce. Après avoir mimé l'acte de la ponte, ils rassemblent alors des pierres destinées à représenter les œufs des chenilles. Vient ensuite la marche dans un conduit souterrain rappelant par sa forme le cocon de la chrysalide, puis la sortie bondissante qui évoque l'envol du papillon.

Mais reprenons en détail chacune des phases de la cérémonie.

Au matin, après avoir quitté le campement en adoptant une démarche, dont la valeur mimique et intentionnelle ne saurait échapper à l'observateur, les hommes, qui se sont soumis à un jeûne rigoureux (1), commencent à effectuer leur voyage. Il reproduit, on le sait, celui que le Grand Ancêtre, qui fut le conducteur des chenilles, accomplit jadis dans cette région mystérieuse que l'on nomme l'*Alcheringa*. Des branches de gommier écorcées à la main, les hommes se dirigent vers un rocher, qui

(1) On leur présente une pièce de gibier fraîchement tué, qu'ils repoussent, exprimant ainsi qu'ils sont dans le jeûne religieux et mystique par excellence.

symbolise la première Chenille. Des pierres, disposées autour de lui sur le sol, vont jouer dans la cérémonie le rôle des œufs.

Assis en rond, les hommes regardent officier leur chef. Celui-ci, à l'aide de petites pierres dont il frotte le rocher, recueille sur l'*apmara* — sorte de pelle en bois qui ne sert qu'à cet usage — une fine poussière, dont chaque grain contient, dit-on, un germe de vie. Il en distribue une pincée à chacun des assistants qui, par l'intermédiaire des branches de gommier, la répand alentour.

Ce geste de disperser la vie dans l'espace correspond au rite de fécondation universelle en usage dans toutes les religions et qui a pris, chez certaines, un sens symbolique émouvant.

Vient ensuite la cérémonie — difficile et sainte entre toutes — de la ponte des œufs, cérémonie où se déploie la série des rites oraux, manuels et magiques.

Afin d'accélérer l'action des germes de vie, quelques-uns des initiés s'incisent les veines et répandent leur sang sur la poussière sacrée ou dessinent avec lui sur le sol l'image du totem. D'autres, pendant ce temps, chantent des paroles cadencées qui sont une sorte d'hymne à la ponte et, selon les procédés habituels de magie imitative, reproduisent les attitudes de l'animal au moment où il va déposer ses œufs.

Les opérations rituelles ainsi complétées déterminent l'acte décisif. On ramasse alors sur le sol les pierres que l'on assimile aux œufs — toujours en se conformant aux manières supposées des ancêtres —, et l'on commence un grand voyage dans la région, en traversant dix défilés où sont creusées des fosses de quatre à cinq mètres de profondeur.

Le chef descend dans ces fosses où il va procéder à une sorte de rite d'enchantement pour découvrir les pierres représentant la chrysalide d'où sortira l'animal adulte. Durant ce temps les officiants chantant les chants de la formation de la chrysalide.

Après quoi, avec les pierres qu'il a ramassées, le chef frappe chaque homme sur l'estomac en lui suggérant qu'il vient de recevoir une nourriture mystique et substantielle tout ensemble, qu'il annonce par ces mots : « Vous avez mangé beaucoup de totem. » Il s'agit là d'un rite d'alimentation par persuasion, qui revêt aussi le caractère d'un rite d'épreuve puisque, depuis le début de la Cérémonie, les hommes n'ont rien mangé.

Le passage à travers les défilés, durant lequel les initiés marchent pliés en deux, simule assez bien l'état réduit de la chenille dans le cocon et les efforts derniers qu'elle tente pour en sortir. Le voyage, dans ces conditions difficiles et souvent douloureuses, dure toute la journée, les défilés se trouvant assez éloignés les uns des autres et de longues cérémonies, accompagnées de chants, d'invocations et d'épreuves, ayant lieu dans chacune d'elles. Ceci fait, les hommes accomplissant un mouvement circulaire reviennent à leur point de départ, où ils trouvent les ornements que les vieillards ont préparés pour eux.

On se souvient, en effet, qu'ils étaient partis nus. Maintenant qu'ils ont mené l'action presque jusqu'à son point final et qu'ils sont devenus, si l'on peut dire, des chenilles à l'état parfait, il leur faut se parer à la façon des Ancêtres, afin de les révéler à la foule des profanes. Avec de l'ocre rouge, du sang coagulé et du duvet blanc, ils exécutent sur leurs corps une série de motifs décoratifs aussi compliqués qu'esthétiques, et qui représentent, à l'état stylisé, les différentes phases de la vie de la chenille witchetty. Leur visage est tout entier teint à la terre de pipe, à l'exception d'une ligne médiane de couleur rouge. Dans le nez, ils se passent une tige de jonc ou un os affûté. Ils s'ornent la tête d'une coiffure faite de crêtes de cacatoès et de ces branches feuillues dont se nourrissent les chenilles, et qui s'emboîte dans un bandeau de front. Cette coiffure étrange est le prototype des masques (1) que l'on rencontre chez des peuples plus civilisés et qui jouent un rôle prépondérant dans les cérémonies d'initiation aux Sociétés secrètes.

Ainsi ornés, ces hommes splendides marchent sous la conduite du chef en agitant des branches, afin d'écarter d'eux les puissances mauvaises qui pourraient compromettre l'acte terminal de ce grand Mystère. Ils atteignent le camp, où les vieillards, qui les attendent, ont construit un tunnel où ils vont s'engager chacun à leur tour et dans lequel ils vont chanter une fois encore le chant de la chrysalide.

Les profanes, massés à quelque distance, les aperçoivent alors et les saluent comme les Esprits créateurs et bienfaiteurs du clan.

De nouveaux rites ont lieu, auxquels les femmes prennent part, en reconstituant un Cérémonial qui se déroulait, paraît-il, jadis, dans l'Alcheringa. Une moitié se couche et feint de dormir, tandis que l'autre monte la garde et écarte les Esprits nocifs qui rôdent autour des femmes endormies. Les hommes alors sortent du tunnel en rampant et chantent les métamorphoses de la chenille muée en papillon.

Cet acte marque, avec la réussite du petit drame de la naissance et du développement de l'animal-totem, la fin du jeûne. Un véritable repas de communion s'organise alors, qui clôture la cérémonie. Grâce à une véritable levée de tabou, les hommes sont autorisés à consommer le totem qui, en tout autre temps, leur est interdit. Le chef d'abord, puis les officiants reçoivent de la main des vieillards l'être divin — sous les espèces des

(1) Ces Masques composites, où se reconnaît toujours une ressemblance animale, sont tout ensemble la représentation des Esprits, leur image terrestre et la vision de ce qu'ils furent jadis au temps de leur activité de démiurges.

chenilles adultes — dont la substance va leur redonner force et vie. Nous ne décrirons pas cette cérémonie très compliquée, dans laquelle interviennent de nouveaux rites, qui sont le prototype de tous les rites communiels dont s'enorgueillissent les grandes religions, et qui montrent que l'Intichiuma a réellement pour fin un repas mystique des hommes pris en commun avec les dieux.

Les Rites de Sortie. — Chargés de ces pouvoirs éminents, les officiants ne sauraient retourner sans danger auprès des autres membres du clan. Il leur faut perdre un à un les caractères divins qu'ils ont acquis et reprendre leur aspect accoutumé.

C'est pourquoi, pendant une nuit encore, les hommes-dieux vont se tenir à l'écart et faire disparaître les traces de leur consécration aux Esprits ancestraux. Ils allument donc un feu et, se tenant éveillés, chantent jusqu'au lever du soleil, face aux profanes qui se tiennent à distance. Avec l'apparition du jour, les chants cessent, le chef éteint le feu et ordonne aux assistants de retourner au camp. A peine ceux-ci partis, il enjoint à ses aides d'enlever les ornements et les peintures qui les singularisaient et leur annonce la fin de la cérémonie par ces mots : « Notre Intichiuma est terminé », de la même façon que le prêtre catholique prononce « Ite missa est » pour libérer les fidèles.

Aussitôt les vieillards effacent sur le sol les peintures qui représentaient le totem et brûlent les ornements et les objets qui ont servi à l'accomplissement des rites. Cette « désacralisation » des hommes et des choses accomplie, tout rentre dans la normale.

Que nous enseigne cette cérémonie ? Que pouvons-nous déduire de son contenu et du sens que lui prêtent ses exécutants ?

De l'avis des historiens des religions, qui l'ont comparée avec d'autres plus tardives et plus évoluées, elle est le prototype de tous les cultes agraires.

En effet, ici comme ailleurs, les rites ont un double but : assurer la fécondité des êtres dont la vie est nécessaire au groupe : totem, troupeaux et plantes, et faire communier l'homme avec l'Esprit fécondant.

Sans doute les peuples totémiques, qui ne sont ni agriculteurs, ni bergers, ne peuvent pas mener leurs fêtes jusqu'au point de celles qui, en Grèce, en Inde, en Chine, en Afrique, et chez les Indiens de l'Amérique, se déroulent autour de la croissance du blé, de la vigne, du riz, du sorgho, du maïs et du tabac, et qui, elles aussi, se terminent par un repas communiel et le sacrifice du dieu. Mais l'idée qui les inspire a une commune origine.

Si mal habile soit-il encore à s'exprimer, le totémisme possède cependant — on l'a vu — tous les éléments qui constituent et caractérisent les religions : la croyance en des forces sacrées qui interviennent à temps fixes dans le monde des hommes et que les initiés, sanctifiés par les rites, peuvent capter au profit de la collectivité ; la mise en œuvre de rites nombreux et compliqués et de tabous qui marquent les frontières entre le sacré et le profane ; l'organisation de mythes qui, en composant la vie des dieux sur le modèle des drames cosmiques, tentent d'expliquer l'origine des êtres et des choses ; enfin la célébration de fêtes périodiques, dont le but est de révéler aux hommes l'action des forces qui régissent l'univers et le clan.

Mais, dira-t-on, les religions contiennent-elles tant de choses, et les erreurs d'interprétation qu'elles ont commises valent elles l'effort que les hommes ont fait pour les instituer et les maintenir ? Le totémisme, entre autres, ne doit-il pas apparaître comme une série de divagations qui prouve la fragilité de la réflexion humaine à ses débuts ? Sans doute, on peut sourire et s'étonner des moyens naïfs et rudimentaires à l'aide desquels les Australiens se persuadent à eux-mêmes que les dieux existent et que la nature tout entière est intéressée à leur prospérité. Mais, tout n'est pas enfantillage et délire imaginatif dans leur tentative. C'est à Durkheim que revient l'honneur d'avoir expliqué ces notions primitives et d'en avoir montré le prolongement dans la vie pratique. Selon lui, si les Australiens, avec les faibles ressources intellectuelles dont ils disposent, ont construit autour de certains faits une action si intense et dramatique, s'ils se sont imposé à leur égard tant d'interdictions et de si dures épreuves, le but n'en pouvait pas être incertain. Il fallait que la Société recueillît un bénéfice de ces grandes manifestations de la foi.

Or, si ce bénéfice n'est pas attaché tout entier à la croyance — si enfantine et hypothétique — aux vertus du totem, du moins dépend-il du concours des forces individuelles suscitées par la fête. A ce moment, le petit groupe abolit ses craintes coutumières, pour multiplier ses énergies et ses espoirs. Il communie autour des mêmes idées, — qui sont des idées collectives et qui, par cela même, resserrent les liens sociaux et les expriment. Il parvient à se faire du monde et de lui-même une représentation satisfaisante.

S'il ne passait par ces périodes d'animation, — ce que les sociologues nomment *temps forts*, en les opposant aux *temps faibles* de la routine journalière —, il vivrait dans un état d'atonie, donc d'incompréhension, dont rien n'aurait pu le faire sortir.

Même si l'explication que les peuples primitifs se donnent à eux-mêmes de la réalité du monde et de l'opportunité de leur action est erronée, elle vaut mieux cependant que l'inertie mentale et l'indifférence. C'est grâce aux émotions que leur imposent la solennité et le mystère des fêtes qu'ils arrivent à imaginer l'univers — du moins celui qu'ils aperçoivent — comme ayant une certaine forme et comme étant pénétré par diverses forces. Dès lors que l'existence de ces forces est reconnue et magnifiée, ils en concluent que la Société a des devoirs envers elles. Ils sacrifient donc leur égoïsme personnel à la réussite des cérémonies sacrées dont dépend le sort du clan tout entier.

Ainsi apparaît, à l'aube de l'humanité, la première notion de la morale, qui élève les individus au-dessus d'eux-mêmes et des exigences de l'instinct, qui les discipline en vue d'une action d'ensemble, et qui fait de la vie collective — incarnée dans les dieux — le principe durable et permanent qui mène les hommes.

MARIE HOLLEBECQUE.

Les Dieux Nationaux

par

J. TOUTAIN

Dans les définitions qu'ils ont essayé de donner de la religion, du fait ou du phénomène religieux, Durkheim et ses disciples ont voulu surtout mettre en lumière le caractère social qu'ils lui attribuent. Durkheim arrive à la formule suivante : « *Une religion est un système solidaire de croyances et de pratiques relatives à des choses sacrées, c'est-à-dire séparées, interdites, croyances et pratiques qui unissent en une même communauté morale, appelée Eglise, tous ceux qui y adhèrent.* » Et il ajoute : « Le second élément qui prend ainsi place dans notre définition n'est pas moins essentiel que le premier ; car, en montrant que l'idée de religion est inséparable de l'idée d'Eglise, il fait pressentir que la religion doit être une chose éminemment collective ». (*Les formes élémentaires de la vie religieuse*, p. 65, Paris, 1912).

M. Hubert, dans son Introduction à la traduction française du *Manuel d'histoire des Religions* de Chantepie de la Saussaye, appuie sur la même idée : « Les phénomènes religieux sont des phénomènes sociaux... ; ce sont des phénomènes sociaux par excellence. » (P. XXXVI), ou encore : « A l'origine, la religion embrasse toute la vie sociale et elle est elle-même toute sociale... C'est au cours de la vie sociale que la religion a poussé. » (P. XLVIII).

Si, par de telles affirmations, les philosophes et les savants, qui se sont groupés autour de Durkheim, veulent prétendre que dès sa plus lointaine apparition le sentiment religieux est d'essence collective, je ne puis me rallier à leur opinion. Une étude serrée et approfondie des cultes les plus anciens et les plus populaires que nous révèlent le monde grec et le monde romain démontre, à mon avis, que l'origine du sentiment religieux doit être cherchée dans l'impression que l'homme a éprouvée devant le spectacle de la nature, en constatant qu'il y avait autour de lui d'autres forces que la sienne, d'autres principes d'action que sa propre volonté, d'autres causes efficientes que celles dont il avait conscience d'être la source. Une telle impression est d'abord individuelle et non collective, elle est psychologique et non sociale.

Mais si l'on veut seulement indiquer qu'il y a eu, chez les différents peuples, des rapports étroits entre la religion et l'organisation sociale, que celle-ci s'est modelée sur celle-là et qu'elle a évolué comme elle, alors la thèse est juste, mais elle n'est pas nouvelle ; car elle reproduit simplement, sous une forme abstraite et généralisée, l'idée fondamentale que Fustel de Coulanges a lumineusement exposée et développée dans *La Cité antique*.

Le grand historien, invoquant des faits précis, des textes et des monuments d'une signification incontestable, prouve que depuis la famille jusqu'à la cité, le lien qui unit tous les membres d'un même groupe social, restreint ou très étendu, est un lien religieux :

« Ce qui unit les membres de la famille antique, c'est quelque chose de plus puissant que la naissance, que le sentiment, que la force physique : c'est la religion du foyer et des ancêtres. Elle fait que la famille forme un corps dans cette vie et dans l'autre. La famille antique est une association religieuse plus encore qu'une association de nature... Ce n'est pas sans doute la religion qui a créé la famille, mais c'est elle assurément qui lui a donné ses règles, et de là est venu que la famille antique a reçu une constitution si différente de celle qu'elle aurait eue, si les sentiments naturels avaient été seuls à la fonder.» (Fustel de Coulanges, *La Cité antique*, éd., in-12, p. 40-41).

Les groupes intermédiaires entre la famille et la cité, phratries, tribus, curies, sont de la même nature :

« L'association nouvelle, écrit Fustel, ne se fit pas sans un certain élargissement de l'idée religieuse. Au moment même où elles s'unissaient, les familles (qui formaient chacun de ces groupes) conçurent une divinité supérieure à leurs divinités domestiques, qui leur était commune à toutes et qui veillait sur le groupe entier. Elles lui élevèrent un autel, allumèrent un feu sacré et instituèrent un culte. » (Id., *ibid.*, p. 132).

Et tel était encore le caractère de la cité :

« De même qu'un autel domestique tenait groupés autour de lui les membres d'une famille, de même la cité était la réunion de ceux qui avaient les mêmes dieux protecteurs et qui accomplissaient l'acte religieux au même autel. Il n'y avait rien de plus sacré dans une ville que cet autel... » (Id., *ibid.*, p. 166).

En conclusion, dans un raccourci d'une précision parfaite, Fustel de Coulanges ramasse toutes les observations précédentes :

« Embrassons du regard le chemin que les hommes ont parcouru. A l'origine, la famille vit isolée et ne connaît que des dieux domestiques. Au-dessus de la famille, se forme la phratrie avec son dieu... Vient ensuite la tribu et le dieu de la tribu... On arrive enfin à la cité et l'on conçoit un dieu dont la providence embrasse cette cité entière. Hiérarchie de croyances, hiérarchie d'associations. L'idée religieuse a été chez les anciens le souffle inspirateur et organisateur de la société. » (Id., *ibid.*, p. 149 et suiv.).

Aux groupes de l'antiquité classique, ajoutez les clans des peuplades de demi-civilisés, les nomes de l'Eglise pharaonique, vous allongerez la liste des exemples, mais vous ne porterez aucune atteinte à l'idée fondamentale de Fustel.

Ainsi l'organisation religieuse et l'organisation sociale se reflètent, pour ainsi dire, l'une l'autre. Au cœur de la cité, comme au cœur de la famille, il y a une divinité, un culte, un rite ou un groupe de rites.

Dès qu'une communauté est constituée et qu'elle prend conscience de sa propre réalité, un fait religieux collectif apparaît. Nous pouvons en citer quelques exemples, très variés, dont la haute antiquité ne paraît pas douteuse.

***

A la fin du XIXe et au début du XXe siècle, des fouilles faites en Egypte, à Abydos, à Negadah, à Hiérakonpolis ont amené la découverte de vases en terre cuite et de palettes votives, sur lesquels on a reconnu la présence d'animaux, de végétaux, d'objets inanimés, tels que des armes, qui représentent ou qui symbolisent des génies protecteurs de communautés constituées, figurées quelquefois par des enceintes fortifiées. Qu'on voie dans ces images des totems, selon la théorie de MM. Loret et Moret, ou simplement des indices de zoolâtrie, il n'en résulte pas moins qu'avant même la création de l'Egypte unifiée, chacune des communautés qui habitaient la vallée du Nil avait un emblème de sens religieux, donc un génie protecteur, déjà presque un dieu national.

En Crète, devant l'antre de Zeus Idaios, s'accomplissait le rite de la danse en armes, accompagnée du choc des épées contre les boucliers. Ce rite avait pour objet — comme nous l'apprend un passage très précis du poète Apollonius de Rhodes — de chasser, écarter les esprits ou démons malfaisants. Ainsi pratiqué près du sommet de l'Ida crétois, il était destiné sans doute à assurer la prospérité de toute la région voisine et principalement de la grande ville de Cnossos, située au pied de la montagne, peut-être même de l'île tout entière. Le rite avait assurément une portée collective.

Et tel était aussi le caractère du sacrifice qu'offraient au sommet du Pélion en Thessalie des jeunes gens spécialement désignés parmi les plus nobles familles de la contrée.

A Rome, tandis que la communauté latine était encore confinée sur le Palatin, la course des Luperques, qui dessinait comme un cercle magique autour de la ville primitive pour en interdire l'accès aux esprits malfaisants, avait le caractère d'un rite exécuté au nom du groupe tout entier et pour la prospérité générale.

De même, la curieuse cérémonie des Argées, au cours de laquelle le grand Pontife, accompagné des Vestales, précipitait dans le Tibre du haut du Pont de Bois (Pons sublicius) des mannequins d'osier, qu'une procession était allée au préalable chercher dans les divers quartiers de la ville. C'était au nom de toute la cité que la cérémonie était célébrée.

De tels rites datent d'une époque à laquelle les divinités n'avaient pas encore acquis la physionomie très distincte, presque individuelle que leur donnèrent plus tard les religions et les mythologies de l'époque historique.

***

Bientôt en effet, aux forces impersonnelles sur lesquelles on essayait d'agir par des incantations ou des conjurations magiques, aux esprits ou démons circulant par troupes à travers le monde, l'imagination populaire, aidée sans doute par le travail des prêtres, substitua des êtres divins, aux traits plus ou moins précis, à la forme tantôt animale, semi-humaine, humaine, tantôt symbolique, tantôt même purement spirituelle : chez les Egyptiens, le taureau Hapi, Hathor ou Isis sous la forme d'une génisse, Osiris ; chez les Assyro-Chaldéens, Mardouk, Istar, Nergal, Samas, Sin; chez les Phéniciens et les Syriens, le couple divin, dont le dieu s'appelle Baal, Melek ou Melqart ou Moloch, Adon ou Adonis, dont la déesse est dénommée Baalat, Astarté, Tanit; chez le peuple d'Israël, Iahveh ou Jehovah; en Asie-Mineure, Cybèle de Phrygie, Mà de Cappadoce, Anahita d'Arménie et de Perse ; enfin et surtout dans la Grèce et à Rome, ces divinités du panthéon gréco-romain, qu'il serait fastidieux d'énumérer, mais qui toutes ou presque toutes exerçaient leur action, générale ou particulière, fréquente ou exceptionnelle, sur la vie nationale : Zeus, Apollon, Poseidon, Athena, Demeter, Hera, Dionysos, Artémis chez les Hellènes ; Mars, Jupiter Optimus Maximus, Janus, Juno Regina, Quirinus, Vesta, à Rome, pour ne citer que les plus fameuses ou les plus populaires.

La valeur nationale de tous ces êtres divins, sous quelque forme que l'imagination de leurs fidèles se plût à les représenter, ne ressort pas seulement de leur physionomie, mais aussi et surtout du caractère des rites qui se célébraient en leur honneur.

A Memphis, le culte du taureau Hapi ou Apis avait, encore sous l'empire romain, une importance extraordinaire : la mort d'un de ces taureaux était l'objet d'un deuil public ; si l'on ne trouvait pas très vite un autre animal, portant les marques qui le désignaient pour ce rôle divin, le peuple s'inquiétait, se lamentait, craignant des fléaux, des catastrophes inouïes ; lorsque le nouveau dieu était trouvé, c'était une joie sans pareille ; le taureau était conduit en grande pompe à son sanctuaire, et la foule qui se pressait sur le passage de la procession était difficilement contenue par des agents spéciaux. Des troupes d'enfants accompagnaient l'animal-dieu en chantant des hymnes.

Il suffit de citer le nom d'Iahveh, pour évoquer l'image d'un dieu strictement national, d'un caractère même exclusif ; le culte d'Israël ne souffrait aucun mélange, aucun contact ; il poussait le sens national jusqu'à une sorte d'intolérance.

La valeur nationale du culte de Melqart à Tyr nous est démontrée par la querelle qui éclata entre Alexandre et les Tyriens. Après la bataille d'Issos, Alexandre en route pour l'Egypte demanda aux Tyriens qu'il lui fût permis d'offrir un holocauste solennel dans le temple de Melquart. Les Tyriens consentirent, s'il s'agissait du temple situé sur la terre ferme, dans la vieille Tyr ; ils refusèrent au roi l'accès du temple élevé dans l'île. Alexandre mit le siège devant la ville ; ce fut une opération longue, difficile, pénible. Mais le Macédonien savait ce qu'il voulait, et il le voulait bien. Ayant enfin pris la ville, il jugea nécessaire de donner une ampleur et un éclat tout particuliers à la cérémonie que les Tyriens lui avaient interdite. Il lui sembla que ce sacrifice à Melqart dans le sanctuaire de l'île était comme le témoignage irrécusable de sa victoire sur la cité phénicienne.

Est-il besoin de décrire en détail la fête des grandes Panathénées, pour en faire apparaître le caractère national à Athènes ? Cette longue procession, se déroulant à travers la ville au lendemain de jeux et de concours de toute espèce, gravissant lentement l'escalier monumental des Propylées, encadrant le char en forme de vaisseau qui portait le voile tissé et brodé par les vierges athéniennes pour l'Athena Parthenos, accompagnant les victimes, les ustensiles sacrés, puis pénétrant dans l'enceinte sacrée de l'Acropole, passant devant l'Erechteion, et s'arrêtant enfin devant l'autel de la divinité chère aux Athéniens : n'était-ce pas la ville tout entière venant rendre hommage à sa protectrice?

A Olympie, à Delphes, à Délos, lors des grands jeux et des

cérémonies qui s'y célébraient, c'était plus qu'une cité, c'était la nation grecque tout entière qui avait conscience d'honorer un dieu vraiment national.

Rome avait son Capitole, comme Athènes avait son Acropole. Le chef de la Triade Capitoline, Jupiter Optimus Mâximus, était le dieu vers lequel les Romains se tournaient, au début de chaque année, pour lui demander la prospérité de la patrie, pour le remercier de l'avoir assurée pendant l'année qui venait de s'écouler ; c'était devant son image que le général, partant pour une expédition militaire, allait chercher la protection divine, et c'était à Jupiter qu'il allait consacrer, s'il revenait vainqueur, les dépouilles de l'ennemi. Le sanctuaire Capitolin recevait les textes, gravés sur le bronze, des traités que Rome signait avec les peuples étrangers. Quelle que fût, dans le rituel romain, l'importance de cultes comme celui de Mars, de Janus, de Vesta, c'était Jupiter Capitolin que les Romains tenaient pour le protecteur divin de leur cité, de leur empire, de leur gloire et de leur puissance.

Ces exemples, qu'il serait facile de multiplier, suffisent à montrer l'importance non seulement morale, mais encore politique, pourrait-on dire, du culte rendu aux divinités poliades ou nationales.

***

Une autre forme de cette religion nationale, ce fut le caractère divin des souverains et le culte qui leur fut rendu. Le Pharaon d'Egypte, le souverain d'Assyrie ou de Chaldée, l'Achéménide Perse étaient tenus pour des êtres de race divine ; on leur rendait un culte. Ces faits ne soulèvent aucune objection : ce sont là mœurs orientales, dit-on, et l'on ne s'étonne pas.

Déjà l'on accepte moins aisément l'idée du caractère divin et du culte des Ptolémées d'Egypte, des Séleucides de Syrie et des autres dynastes de l'Orient hellénisé. Pourtant des documents incontestables, des temples, des inscriptions votives, des listes de prêtres ne laissent aucun doute. De leur vivant et après leur mort, tous ces souverains étaient tenus pour des dieux, traités comme des dieux.

Enfin et surtout, l'exemple le plus connu d'un culte de ce genre est le culte que pendant trois siècles les peuples riverains de la Méditerranée ont rendu à l'empereur romain. Comme le monde romain est plus près de nous que le monde oriental, beaucoup d'esprits se sont insurgés contre cette idée d'un véritable culte rendu à l'empereur vivant. On acceptait à la rigueur le culte rendu à l'empereur mort et divinisé ; mais pour l'empereur vivant, on tournait la difficulté et l'on donnait satisfaction au rationalisme moderne en prétendant que le culte était rendu au génie de l'empereur, ou à une conception en quelque sorte abstraite de la divinité impériale, le *Numen Aug.* ou de l'empereur. Vaines arguties ! Les textes et les faits précis ne permettent pas de s'évader ainsi de la réalité : des temples ont été construits, des sacrifices ont été célébrés, des ex-voto ont été offerts pour l'empereur vivant, désigné par son nom. D'ailleurs qui donc, parmi ceux qui ont fait jadis des études classiques, a oublié les vers de la première Eglogue de Virgile (v. 6-8) :

O Melibœe, deus nobis hæc otia fecit.
Namque erit ille mihi semper deus, illius aram
Sœpe tener nostris ab ovilibus imbuet agnus.

Et plus loin (v. 42-43) :

Hic illum vidi juvenem, Melibœe, quotannis
Bis senos cui nostra dies altaria fumant !

Faut-il d'ailleurs nous indigner, ou même nous étonner d'un tel culte ? Dès les origines de la religion collective, le chef, le roi a eu le caractère divin, et Frazer a écrit :

« Le caractère divin du roi n'était pas une simple formule ; c'était l'expression d'une croyance. Les rois n'étaient pas seulement révérés dans bien des cas comme des prêtres, c'est-à-dire, comme des intermédiaires entre les hommes et les dieux, mais comme de vrais dieux capables de donner à leurs sujets et adorateurs ces bienfaits que l'on suppose être hors de la portée des hommes et que l'on cherche à obtenir par les prières et le sacrifice. » (*Le Rameau d'or*, trad. française, t. I, p. 3).

Le culte impérial, dans le monde romain, n'était donc que le point d'arrivée d'une longue évolution dont on peut suivre les étapes à travers l'organisation religieuse des empires orientaux, à travers la mythologie ou les traditions légendaires de la Grèce.

Mais, si le culte impérial avait ses racines dans le plus lointain passé de l'humanité, l'organisation même de l'empire romain allait aboutir à un autre résultat, singulièrement fécond pour l'avenir. Déjà l'expédition d'Alexandre, en faisant connaître aux Grecs bien mieux qu'auparavant les religions orientales, avait eu pour résultat d'introduire dans la religion grecque des éléments nouveaux. Les cultes hellénistiques de Serapis et d'Isis, d'Adonis et de la déesse Syrienne, de la Cybèle phrygienne adorée sous le vocable de Grande Mère ou de Grande Mère des dieux, n'étaient plus vraiment nationaux : Grecs et Orientaux les célébraient également. Le cadre étroit de la religion purement nationale s'élargissait. La fondation et le développement de l'empire romain contribuèrent encore à accentuer ce mouvement, en rapprochant dans une vaste unité politique et administrative les peuples de l'Orient et ceux de l'Occident. Les grands dieux nationaux furent comparés, assimilés les uns aux autres.

L'action de la philosophie trouva dans ces comparaisons, dans ces rapprochements un champ très favorable à ses spéculations. Peu à peu se développa ce syncrétisme, dont le regretté Jean Réville a tracé un tableau si exact et si suggestif dans son grand ouvrage sur la *Religion à Rome au temps des Sévères*. On s'élevait dès lors à la notion d'un être divin supérieur aux nations, d'une divinité universelle, commune à tous les hommes, mais désignée d'un nom différent par les divers peuples. C'est ainsi que dans les *Métamorphoses d'Apulée* (XI, 4), Isis déclare qu'elle est la nature tout entière divinisée :

« Je suis la Nature, mère des choses, maîtresse de tous les éléments, origine et principe des siècles, divinité suprême, reine des Mânes, première entre les habitants du ciel, type uniforme des dieux et des déesses. C'est moi dont la volonté gouverne les voûtes lumineuses du ciel, les souffles salubres de l'Océan, le silence lugubre des enfers. Puissance unique, je suis par l'univers entier adorée sous plusieurs formes, avec des cérémonies diverses, avec mille noms différents. Les Phrygiens, premiers nés sur la terre, m'appellent la Déesse-mère de Pessinonte ; les Athéniens autochtones me nomment Minerve la Cécropienne ; chez les habitants de l'île de Chypre je suis Vénus de Paphos ; chez les Crétois armés de l'arc, je suis Diane Dichynna ; chez les Siciliens qui parlent trois langues, Proserpine la Stygienne ; chez les habitants d'Eleusis, l'antique Cérès. Les uns m'appellent Junon ; d'autres Bellone ; ceux-ci Hécate, ceux-là la déesse de Rhamnonte. Mais ceux qui les premiers sont éclairés par les rayons du soleil naissant, les peuples de l'Ethiopie, de l'Arie et les Egyptiens puissants par leur antique savoir, ceux-là seuls me rendent mon véritable culte et m'appellent de mon vrai nom : la reine Isès ».

Et au IIIe siècle, la diffusion du culte du Soleil, importé à Rome et en Occident de la Syrie, est un phénomène religieux du même caractère et du même sens.

« Le panthéisme solaire, a écrit Franz Cumont, qui, durant la période hellénistique, grandit ainsi parmi les Syriens sous l'influence de l'astrolâtrie chaldéenne, s'imposa sous l'Empire au monde romain tout entier... Une divinité unique, toute-puissante, éternelle, universelle, ineffable, qui se rend sensible dans toute la Nature, mais dont le soleil est la manifestation la plus splendide et la plus énergique, telle est la dernière formule à laquelle aboutit la religion des Sémites païens et à leur suite celle des Romains. Il ne restait qu'une attache à rompre, en isolant hors du monde cet Etre suprême qui résidait dans un ciel lointain, pour aboutir au monothéisme chrétien. » (F. Cumont, *Les religions orientales dans le paganisme romain*, 2e éd., p. 199).

Par conséquent, de même que dans la conception du monde qui entoure l'homme, l'évolution s'est faite depuis les forces impersonnelles sur lesquelles on agit par des incantations, des conjurations et des gestes, jusqu'à l'idée d'un Dieu personnel à la fois humain et surhumain, de même dans le caractère et la physionomie de la divinité, l'homme s'est élevé progressivement de la notion d'êtres divins, occupés spécialement de lui-même ou de son groupe restreint, à la notion d'un Dieu unique, universel, veillant sur le genre humain tout entier. Dans cette évolution, l'une des étapes les plus intéressantes, les plus brillantes a été celle des divinités nationales, dont l'antiquité nous a fourni tant de types originaux, à la fois dans l'Orient classique, en Grèce et à Rome.

J. Toutain.

Les Mystères d'immortalité

par

CHARLES GUIGNEBERT

I

Mesdames, Messieurs,

Il y a quelque audace à entreprendre de loger dans le peu de temps dont je puis disposer ici ce qu'il me faudrait dire, pour être clair, sur une question aussi vaste que celle des Mystères d'immortalité. C'est un sujet extrêmement complexe, sur lequel nous ne sommes assez bien renseignés que pour l'époque impériale. Evidemment, à cette époque-là, les hommes qui s'attachaient aux Mystères étaient bien incapables de nous dire d'où ils venaient. Ils étaient bien incapables de faire le tri entre les différents mythes qui, successivement, étaient venus s'ajouter les uns aux autres, se combiner, se corriger réciproquement dans l'enseignement des Mystères. De sorte que nous sommes réduits, en ce qui regarde l'étude des origines des Mystères, à des hypothèses qui doivent rester toujours très prudentes, à peine de construire arbitrairement ce que nous ignorons, ce qui, vous le savez, est, dans l'histoire des religions, l'opération peut-être toujours la plus tentante, mais toujours aussi la plus dangereuse.

Surtout nous nous trouvons placés en présence d'innombrables difficultés chronologiques. Lorsque nous rencontrons une pratique, un rite, une croyance, la première question que nous ayons à nous poser, c'est : d'où vient cela ? Et, tout d'abord, de quelle époque est-ce ? Eh ! bien, à cette question, qui est la question historique par excellence, nos documents, au regard des Mystères d'immortalité, ne nous permettent presque jamais de réponse précise. Le plus souvent, s'il nous est très difficile de dire *d'où* viennent ces rites, ces croyances, il nous est encore bien plus difficile de dire *quand* ils sont venus. Ce sont pourtant là questions, vous le comprenez bien, auxquelles il nous faudrait pouvoir, normalement du moins, répondre avec une très grande assurance, afin de pouvoir déterminer le sens des influences réciproques. Nous allons rencontrer très vite le problème de la réaction des Mystères les uns sur les autres, de l'espèce d'endosmose qui s'est pratiquée entre les différents Mystères. Assurément, il nous serait tout à fait essentiel de savoir d'où est venue l'influence première. — Je prends un exemple.

Nous allons, au bout de cet exposé, constater le parallélisme évident entre les Mystères et le Christianisme. Il y a des rapprochements qui s'imposent entre le grand Mystère du salut chrétien et les Mystères du salut païen ; mais de quel sens est l'action ? Est-ce que ce sont les Mystères païens qui ont déterminé l'ensemble, je dirais presque tout, de l'affabulation du Mystère chrétien ? Ou bien, au contraire, est-ce le Mystère chrétien qui, très lentement, a réagi sur les Mystères païens et les a pénétrés d'un certain nombre de ses idées essentielles ?

Eh ! bien, au premier abord, il semble que l'on ne puisse trancher une pareille question, qui a pour nous tant d'importance, que par une date. Je vous montrerai tout à l'heure que, d'ailleurs, le problème n'est peut-être pas aussi rigide que cela.

Au premier abord, c'est bien ainsi qu'il se présente. Cependant, si les réserves que je viens de faire étaient absolument, entièrement, fondées, et fondées sans aucune espèce de compensation, je n'aurais qu'à reprendre la définition du Mystère (1), et à fermer la bouche. Nous pouvons néanmoins être certains de dire des choses exactes au regard des Mystères en nous en tenant aux constatations les plus générales, qui sont probablement les plus sûres, et nous avons ainsi quelque chance d'approcher, je ne dirai pas de la Vérité, avec une majuscule, mais de quelques vérités.

II

Maintenant, voyez-vous, tout n'était pas mystérieux, dans les Mystères. Il s'en faut de beaucoup. Quand un Athénien se faisait initier aux Mystères d'Eleusis, on savait très bien ce qu'il allait faire à Eleusis. On savait parfaitement quelle espérance l'y conduisait. Les intentions générales de l'initiation n'étaient pas douteuses. On pouvait, autant qu'on voulait, dire qu'on allait à Eleusis chercher une consolation ou une espérance d'immortalité. Qu'est-ce qui était donc mystérieux ? Ce qui était mystérieux, c'étaient les rites. C'est sur ce point que nous sommes souvent très mal renseignés et non pas du tout, je le répète, sur les intentions, ni sur l'esprit de ces Mystères, ce qui, en définitive, pourrait bien être pour nous, dans la plupart des cas, l'essentiel.

Toutes ces religions à mystères reposent sur l'idée d'immortalité, c'est-à-dire sur l'affirmation que l'être humain peut connaître, et même doit connaître une vie d'outre-mort, une vie

(1) Mystère = μυστήριον vient de μύω = *je ferme la bouche.*

qui prolonge en la réformant, en la purifiant, si vous voulez, sa vie terrestre.

Qu'est-ce donc, en somme, que cette idée de l'immortalité ? Est-ce qu'elle est innée à l'homme comme on le dit souvent ? Est-ce qu'elle n'est qu'un des aspects de l'instinct de conservation de l'homme ? C'est une question qui semble très difficile à trancher parce que je crois bien que, très souvent, on met sous la même rubrique : croyance à l'immortalité, des conceptions qui sont, en réalité, très différentes, non pas seulement par leur essence, mais tout simplement par leurs origines psychologiques.

Il est certain — bien que ce ne soit pas une question que j'aie à traiter pour le moment — il est certain que même le primitif, par le simple jeu de ses rêves, arrive très rapidement à l'idée d'une survivance dans la mort, à l'idée d'un dédoublement de l'être humain, c'est-à-dire à la notion de l'existence dans l'homme de deux êtres qui se ressemblent au point d'être identifiables, de deux êtres entièrement superposables, dont l'un est l'être vivant et dont l'autre est son double. Ce n'est pas ce que l'homme moderne, vous entendez bien, pénétré de l'idée du dualisme grec, ou, si vous préférez remonter à son origine, de l'idée du dualisme iranien, ce n'est pas ce que l'homme moderne entend d'ordinaire par l'immortalité de l'âme. C'est autre chose. Le concept d'immortalité de l'âme s'attache à un certain nombre d'idées bien étrangères aux représentations primitives de la survie dans la tombe, de la survie chez les morts dans le Hadès ou dans le *schéol*.

Quelles sont donc les causes qui peuvent développer cette idée de l'immortalité de l'âme ? D'abord, avant tout, l'adoption d'une anthropologie dualiste, ou d'une anthropologie plus compliquée que la dualiste, mais au moins dualiste, une anthropologie qui admet que l'homme est composé de deux éléments : *l'élément matériel* ou élément corporel, et puis *l'élément immatériel*, soustrait, par définition, aux conditions qui dominent la matière, c'est-à-dire à la décomposition, à la corruption.

Cette doctrine, vous le comprenez sans que j'y insiste, peut assez facilement sortir d'une méditation sur le *dédoublement* dont je parlais tout à l'heure.

En second lieu, ce qui peut agir sur le développement de cette idée de l'immortalité de l'âme, c'est l'obligation de subir les contraintes d'une vie terrestre malheureuse. Plus les hommes sont misérables ici-bas, plus ils ont tendance à imaginer qu'ils seront un jour plus heureux. Ainsi la faillite du bonheur humain est, en quelque manière, la condition du développement, en profondeur et en étendue, de la foi en l'immortalité de l'âme. Or, jamais les hommes n'ont passé par une aussi cruelle période d'épreuves, jamais ils n'ont paru plus excusables de désespérer complètement du sens et du bonheur de la vie que dans le siècle qui précéda l'avènement du christianisme, le dernier siècle de la République romaine, et dans le premier siècle de l'Empire. Jamais, par conséquent, ils n'ont été plus naturellement inclinés à regarder au-delà de cette vie et à chercher des compensations aux misères et aux effrois de l'existence qu'ils étaient obligés de traverser.

Je me bornerai à considérer le problème sur un terrain relativement limité, celui-là même où le christianisme est né, c'est-à-dire le monde de l'Orient classique, et le monde gréco-romain.

III

Vous avez entendu parler ici même, tout dernièrement, par mon collègue, M. Toutain, des religions nationales. Je vais, si vous voulez, partir des représentations que ces religions nationales pouvaient se faire de l'immortalité, pour vous montrer comment elles ont paru insuffisantes, et comment on en est venu à des constructions qui, sorties d'elles, leur sont devenues assez promptement étrangères.

Les religions nationales que nous connaissons le mieux sont celles de la Grèce, de Rome, de la Judée. Elles n'ont pas dépassé beaucoup la notion de la survie sous l'espèce du *double* fantômatique, désincarné, la vie dans les Champs-Elysées, ou dans le Tartare, si vous voulez, dans le Hadès, d'une façon générale, ou la vie dans le *schéol.* L'imagination des poètes, qu'il faut, suivant une très juste et très fine remarque de Renan, se garder de confondre avec les traditions religieuses, et même les contes de bonnes femmes, l'imagination des poètes, dis-je, a paré ces représentations primitives d'une fantasmagorie plus ou moins séduisante ou horrifique, du moins chez les Grecs et chez les Latins. Vous connaissez tous, n'est-ce pas ? les épouvantes ou les merveilles du Tartare et des Champs-Elysées.

Les Juifs ont eu moins d'imagination. Leur *schéol* est resté, en fait, très morne, le pays du silence et de la poussière, tant qu'ils n'ont pas dépassé la notion du double, tant qu'ils en sont restés à cette notion d'un être humain désincarné qui descendait sous terre, et puis, qui vivait là d'une vie larvaire.

Au fond, il n'est pas du tout étonnant que les religions nationales se soient arrêtées à ces représentations tout à fait élémentaires et puériles de la survie et de l'immortalité, parce qu'elles ne se sont pas intéressées à la destinée de l'individu, ni à sa perfection spirituelle et morale. Ce n'était pas là leur rôle ; elles servaient la Cité ; elles servaient la Nation. Leur intention, c'était de rassembler les individus pour la Cité et pour la Nation. Il y a une idée tout à fait curieuse qui est exprimée plusieurs fois dans la Bible juive, à savoir que les morts n'intéressent pas *Iahwé* (1) et que, d'ailleurs, le *schéol* n'est pas proprement son domaine (2). Une autre idée qui est non moins curieuse, c'est que les morts descendus dans le *schéol* y sont rangés d'après les distinctions sociales qu'ils avaient en ce monde. Il y a là des palais pour les grands de la terre et les autres morts habitent autour, groupés par tribus et par familles. Cela montre que le vieil Israël se représente la vie des morts sous terre comme une espèce de pâle reflet, de reflet *larvaire*, — c'est le mot qui me paraît convenir le mieux — de la vie de la terre. Les *réphaïm*, les ombres qui dorment dans la poussière du *schéol*, n'y connaissent que cette misérable survie et n'y trouvent aucune rémunération. Et même un texte nous dit que les pauvres malheureux qui descendent tout agités dans le *schéol* s'y reposent enfin, aussi bien les méchants que les autres. C'est pour tous l'oubli, et c'est la paix.

La notion grecque du Tribunal devant lequel doivent comparaître les âmes lorsqu'elles quittent la terre marque évidemment une étape. Mais lorsqu'on serre d'un peu près cette représentation-là, non plus en s'adressant aux poètes, mais en s'adressant vraiment aux traditions religieuses, on se heurte à beaucoup d'incertitude et d'obscurité. On s'aperçoit surtout que cette idée de la justice rendue à l'entrée des enfers, cette idée de la rémunération qui attend les ombres avant leur localisation définitive dans les différents compartiments du monde d'en dessous, reste liée, en quelque sorte, à la fantasmagorie féérique de la mythologie et que, vraiment, elle ne peut pas résister à la critique, même élémentaire. Vous connaissez le texte de Juvénal, *Satire* II, vers 149 et suivants, qui dit :

(1) *Ps.*, 115, 17; *Ps.*, 88, 11; *Is.*, 38, 18.
(2) *Amos*, 9, 2.

« Qu'il y ait quelque part des mânes et un royaume souter-
« rain, et la perche de Charon et des grenouilles noires dans
« le gouffre du Styx, et qu'une seule barque puisse suffire pour
« faire passer l'eau à tant de milliers de morts, les enfants même
« ne le croient pas, excepté ceux qui n'ont pas encore à payer
« leur bain. »

La même impression se retrouve chez Plutarque (1). Il y avait bien longtemps que ce scepticisme s'épanouissait, et le contenant traînant le contenu, il aboutit à une formule tellement répandue qu'on la trouve sur des inscriptions sous la forme abrégée du sigle. Elle se lit en grec : οὐκ ἤμην, γενόμην, ἤμην, οὐκ εἰμί, τοσαῦτα, ce qui signifie : « *Je n'étais pas, j'ai été ; j'étais, je ne suis plus ; c'est comme cela.* » Ou bien, en latin « *Non fui, non sum, non curo* » : « *Je n'étais pas, je ne suis plus. Ça m'est égal* » Ou bien encore : « *non fui, fui, non sum, non curo* » : « *Je n'étais pas, j'ai été, je ne suis plus. Ça m'est égal* ». Formule qu'au premier abord on pourrait croire épicurienne, mais qui dépasse de beaucoup la portée d'une boutade de désabusé. On la trouve répandue un peu partout, soit sous sa forme grecque, soit sous sa forme latine. Il y a d'elle des variantes extrêmement nombreuses qui se rencontrent d'un bout à l'autre de l'Empire romain.

Naturellement, il ne faut pas croire que cette affirmation, qui s'exprime dans ces petits textes épigraphiques, dans les vers de Juvénal ou dans les remarques de Plutarque, donne la clef de toutes les consciences au début de l'Empire et vers le temps de la naissance du christianisme. Elle représente pourtant un aboutissement assez logique des représentations d'outre-tombe que se sont faites les religions gréco-romaines.

(1) Cf. Decharme, *La critique des traditions religieuses chez les Grecs*, p. 442.

Les Juifs, eux, vers le même temps, et même avant, se sont tirés de la difficulté par la foi grandissante à la *résurrection*, qui est, selon toute apparence, un emprunt à l'Iran. C'est une forme évidemment un peu lourde, mais efficace, de la compensation d'une vie misérable. On espère qu'un jour viendra où, le double se réunissant au corps, l'être humain tout entier sera reconstitué, et qu'il entrera alors dans une vie gouvernée directement par Dieu, une vie qui sera le règne de la Justice et de l'Abondance ; et qu'il trouvera là les compensations qu'il mérite. Car, vous savez, lorsqu'il arrivait à un homme juste et pieux de vivre en un temps où les déportements généraux du peuple attiraient la vengeance de Iahwé, il en prenait sa part comme les autres. Il fallait bien alors espérer qu'un jour viendrait où la compensation intégrale lui serait dévolue.

Si nous nous tournons vers les religions proprement orientales, nous verrons qu'elles nous donnent une impression différente de celle du monde gréco-romain, ou du monde juif. Elles sont beaucoup plus préoccupées, en général, du sort à venir de l'individu. Quelle en est donc la cause ?

D'abord, il doit y avoir là une disposition particulière de l'esprit et de l'âme des Orientaux. Mais j'aperçois une autre cause dans le caractère même du régime gouvernemental que ces gens-là sont obligés de supporter. C'est un régime despotique, extrêmement personnel, où le roi est dieu, et, devant le roi, l'individu n'est que poussière servile. Il n'y a absolument rien, dans cette organisation politique, de la solidarité nationale des Juifs en Iahwé, ou de la solidarité des Grecs ou des Romains dans la Cité. Il en résulte qu'en réalité, avec des apparences d'oppression beaucoup plus grandes, l'individualité religieuse, l'indépendance morale de l'individu restent bien plus grandes que dans le monde proprement grec. Ce qu'il faut développer dans l'individu, c'est *le sentiment du devoir*, avec la menace ou la promesse de la compensation, dont on lui fait un tableau redoutable ou séduisant, selon les cas. Il faut que la religion pèse sur l'individu pour achever de l'aplatir devant le maître, qu'elle lui inspire des sentiments convenables à son état de servitude et à ses devoirs vis-à-vis du souverain. Il est très frappant que chez les Egyptiens et chez les Perses iraniens, ces idées-là se sont développées d'une façon tout à fait remarquable. Les autres Sémites ont des idées analogues à celles des Juifs. Cependant, il y a lieu de relever chez les Babyloniens, à côté d'une représentation de la vie d'outre-tombe qui ressemble singulièrement à celle du *schéol*, l'idée, probablement secondaire, de l'ascension des âmes à travers les sphères planétaires.

Or, cette idée a une importance capitale, car c'est par elle que, peu à peu, les hommes se sont habitués à imaginer que les morts bienheureux ne résidaient pas sous terre, mais habitaient dans le ciel. Il n'y a que les *mauvais* qui soient *dessous ; les bons* sont en *haut*. Voilà comment ce mythe extrêmement intéressant de la localisation du paradis est né de la représentation babylonienne. L'essentiel est de remarquer que les idées égyptiennes et perses, parce que plus élevées, plus complètes, plus satisfaisantes que celles que nous rencontrons dans l'ensemble du monde antique, ont pu servir de ferment à tout l'Orient et de là, gagner l'Occident. Vous savez tous que, non seulement dans le domaine religieux, mais dans tous les domaines, l'influence de l'Egypte a été énorme sur tout le monde méditerranéen. De même qu'il y a eu dans ce monde une *diaspora*, une *dispersion juive*, il y a eu également dans toute l'Asie occidentale une *diaspora iranienne*, une dispersion des Iraniens transportant avec eux les idées essentielles de l'Avesta et même celles de la religion antérieure à l'Avesta. Cela est fort important quant au développement des conceptions qui maintenant vont nous retenir.

D'autre part, il ne faut pas oublier qu'il existait dans le monde oriental, asiate et grec, des rites et des cultes qui préparaient le terrain aux Mystères et à la foi en l'immortalité. Ce sont les rites réputés efficaces pour aider la nature dans son œuvre indispensable.

Prenons, par exemple, le soleil ; eh ! bien, la grande angoisse des primitifs, c'est celle qui consiste à se demander si le soleil qui se couche le soir se lèvera le lendemain matin Et, lorsque l'astre commence à décliner et, que, peu à peu, nous allons vers l'hiver, quand la nature entière s'endort et paraît mourir, est-ce que, vraiment, elle va mourir ? Est-ce que jamais plus le soleil ne luira avec la force qu'il faut pour que la végétation se développe ? Est-ce que la végétation va périr ?

Les hommes ont donc imaginé qu'ils avaient des moyens d'aider le soleil, des moyens de susciter les forces énergiques de la nature. Un grand brasier, par exemple, donne au soleil l'envie de briller. De même, toute une série de procédés, qui sont les opérations d'une espèce de magie sympathique, peuvent également être pratiqués pour aider la nature.

Tous les dieux qui vont prendre la place centrale dans les Mystères d'immortalité sont à l'origine des dieux solaires ou des dieux de la végétation. Ces deux aspects se confondent très aisément, puisqu'aussi bien le mouvement de la végétation est rigoureusement coordonné au mouvement du soleil. Il est très fréquent que nous ne sachions pas exactement ce qu'était à l'origine un dieu qui nous apparaît tantôt comme dieu de la végétation, tantôt comme dieu du soleil. Il finit par être les deux, parce qu'en effet la confusion pouvait très aisément s'établir.

D'autre part, l'idée de l'immortalité est comme implicite dans le recommencement annuel de la vie du soleil et dans le recommencement annuel de la vie de la végétation. Les Mystères sortent de la transposition, si vous voulez, de la transformation du fait naturel en drame divin.

Notons bien que les rites que nous trouvons dans les religions à Mystères sont antérieurs aux mythes, que les rites ont existé *d'abord* suivant l'esprit que je viens de vous indiquer sommairement et que les mythes ne sont nés *qu'après* pour les expliquer, pour les faire comprendre.

IV

La belle période des religions à mystères tourne autour du premier siècle de notre ère, mais ce n'est pas la première période, laquelle s'est développée, peut-on dire, tout au long de l'histoire grecque. Malheureusement, je le répète, même ce développement grec n'arrive dans la pleine lumière de l'histoire que vers le temps de l'Empire romain.

En ce temps-là, les organisations cultuelles principales — d'aucunes remontant très haut, certainement à l'époque homérique dans leurs éléments essentiels — sont, je le rappelle sommairement, les suivantes : d'abord, le culte de Dionysos, auquel se trouve mêlé très intimement celui d'Orphée ; les Mystères d'Eleusis, les Mystères de Samothrace, les Mystères d'Ephèse (ceux d'Artémis), et ceux de Claros (ceux d'Apollon clarien), ces derniers spécialement intéressants parce qu'ils forment une espèce de pont entre le monde asiate et le monde grec. Ils sont encore peu connus. C'est une thèse de doctorat toute récente, de M. Charles Picard, qui nous les a, pour ainsi dire, révélés. Je pense que plus on les connaîtra, plus s'affirmera la grande importance qu'ils ont eue dans le monde ancien.

Comme toujours, nous nous heurtons à de très grandes difficultés chronologiques. Nous nous apercevons qu'il y a certains de ces cultes qui sont très anciens, et qui ont existé sous des formes très différentes de celles sous lesquelles ils nous apparaissent. Nous voyons aussi qu'ils ont agi les uns sur les autres et que, très certainement, ils ont subi des influences étrangères ; que, par exemple, le culte de Dionysos Zagreus et celui d'Orphée ont subi des influences thraces. Ils sont nés sur les confins nord de la Grèce. Les Mystères d'Eleusis ont très probablement subi des influences égyptiennes, très difficiles à dater, très difficiles à déterminer, mais dont l'existence, au moins, ne semble guère douteuse. Le plus fâcheux pour nous, c'est que nous ne savons pas à quelle date de son développement en était le Mystère lorsque ces influences étrangères se sont introduites dans la marche générale de ses croyances ou de ses cérémonies. Mais, ce qu'il est essentiel de remarquer, c'est que nulle part il n'y a eu génération spontanée et *ne varietur* de Mystères. C'est vrai pour tous les Mystères. On trouve en eux tous une prétention à la révélation définitive et à l'immobilité, mais, en réalité, tous ont subi, très certainement, une évolution.

Mesdames et Messieurs, toutes les religions révélées prétendent à l'immobilité dans la vérité absolue. Il n'y a pourtant à vivre que les religions qui évoluent. Même pour les religions révélées, l'immobilité qui se refuse à l'évolution, c'est la mort implicite. Aussi bien, les religions à Mystères, tout en affirmant qu'elles n'ont pas bougé, ont évolué constamment. Par exemple le culte de Dionysos Zagreus, qui est le point de départ de Mystères très intéressants et de l'orphisme, n'est certainement pas d'abord un Mystère d'immortalité. On l'aperçoit au stade où l'homme cherche à s'assimiler l'esprit vivant dans la nature et où il essaye de se l'assimiler par manducation. Ainsi, dans ce qu'on appelle *l'omophagie*, les mystes déchiraient le faon Dionysos ou le taureau Zagreus. En même temps, ils mâchaient le lierre, qui était la plante sacrée de Dionysos.

Puis le moment est venu où l'esprit de la végétation s'est trouvé assez bien personnifié pour déterminer le mythe de la mort et de la résurrection bienheureuse de l'être divin, et l'idée qu'il peut faire bénéficier ses fidèles de son expérience divine.

L'orphisme, par exemple, évolue vers cette représentation, et, au delà de cette représentation, vers une doctrine de plus en plus dogmatique, vers des croyances de plus en plus théologiques, qui sont enfermées dans une littérature très étendue, une véritable littérature sacrée. Il évolue en même temps vers une morale. Il n'est peut-être pas impossible que le point de départ de cette évolution soit à chercher dans une réforme, dans une organisation intentionnelle du culte de Dionysos Zagreus qui pourrait être l'œuvre d'une personnalité très réelle. Mais ce n'est pas cette personnalité qui a trouvé les mythes, ce n'est pas elle qui a déterminé le mouvement ; elle l'a peut-être, à un moment donné, organisé et stylisé, en quelque manière ; elle n'a pas fait plus.

Orphée déchiré par les Ménades est devenu une espèce de doublure de Zagreus. Il nous est extrêmement difficile de voir très clair dans tout cela, faute, je le répète, de précisions chronologiques suffisantes. Mais nous apercevons cependant — en gros — comment le développement s'est fait. Nous avons d'ailleurs l'impression de bien des changements, de bien des modifications. Il n'y avait pas *un* orphisme, au temps de l'Empire, il y avait *des* orphismes. Il existait plusieurs sectes qui avaient certainement des doctrines un peu différentes. On a même pu parler de systèmes successifs (systèmes, c'est un peu gros), de systèmes successifs de cosmogonie et de théogonie.

J'ai pris cet exemple pour bien vous faire comprendre que, partant de pratiques extrêmement simples, aussi peu théologiques, aussi peu mystiques, aussi peu morales que possible, on a pu, par une évolution naturelle, arriver à une doctrine qui, au temps du christianisme, a vraiment l'air de se tenir, l'air d'enseigner quelque chose.

Voici un certain nombre de traits qui, dans les Mystères, dominent le détail des rites particuliers, — rites quelquefois très étranges pour nous — et qui se retrouvent, à peu près, dans l'ensemble des organisations cultuelles des Mystères de la période proprement grecque, antérieurement au temps du christianisme.

1°) Il y a d'abord une théorie plus ou moins bien formulée de la nature humaine. Il est entendu que l'homme, par lui-même, est incapable de trouver la route salutaire au-delà de la vie. Il est entendu que l'homme a besoin d'être aidé dans cette tâche. Cette doctrine est bien formulée dans les Mystères de Dionysos : Zagreus a été mis à mort, dépecé et mangé par les Titans ; les hommes sont nés des cendres des Titans ; ils portent donc en eux à la fois la corruption et une étincelle divine, car Zagreus étant un être divin, les Titans, en le mangeant, ont mangé la divinité ; il en reste quelque chose dans leur sang. Donc l'homme porte en lui une étincelle divine. C'est cette étincelle qui doit être dégagée et qui doit devenir le principe de son salut. Pour cette opération essentielle, l'homme n'a pas assez de ses propres forces. Il lui faut la grâce des dieux libérateurs, et une éducation spéciale qu'on appelle la μύησις ; c'est-à-dire *l'initiation* aux Mystères. Elle est partout nécessaire, là même où la doctrine de la faiblesse de la nature humaine n'est pas aussi nettement conçue que dans les Mystères de l'orphisme. D'ailleurs, si cette conviction que l'opération de la μύησις est indispensable n'existait pas, il n'y aurait pas de Mystères, car c'est sur elle essentiellement qu'ils reposent.

2°) Il existe donc une initiation à plusieurs étages, une initiation par épreuves progressives, destinée à mettre le myste dans un état convenable. Il reçoit ainsi une véritable éducation technique et à Eleusis, par exemple, dans deux familles sacrées, dépositaires et gardiennes méticuleuses des secrets des Mystères, se recrutent des *mystagogues*, c'est-à-dire des hommes chargés de guider les mystes, dans l'acquisition des connaissances salutaires.

Les étapes de l'initiation, nous les connaissons assez bien pour Eleusis. Nous les connaissons moins bien pour d'autres Mystères. Il y avait probablement, d'une religion à l'autre, des différences ; mais, d'une manière générale, cela devait être à peu près analogue — au moins.

A Eleusis, il y a d'abord ce que l'on appelle la κάθαρσις, c'est-à-dire la *purification* ; puis, en second lieu, la σύστασις, c'est-à-dire la transmission des rites et des sacrifices qui préparent l'initiation. Vient ensuite la μύησις ou τελετή, qui est l'initiation proprement dite et, en dernier lieu, l'ἐποπτεία, *l'époptie, c'est-à-dire* la *contemplation* suprême.

Les deux premières opérations, la purification et la transmission des rites, sont publiques ; les deux dernières sont secrètes. A Eleusis, elles doivent être séparées par un intervalle d'un an au moins. L'opération de la μύησις fait le μύστης, le *myste* et l'opération de l'*époptia* fait ἐπόπτης, l'*épopte*, lequel est conduit à sa certitude par des émotions religieuses, par la vue des objets sacrés, par la pénétration du drame divin, et pas par des raisonnements, pas par des révélations doctrinales Les θέσφατα c'est-à-dire les *affirmations divines* se présentent sans preuves.

3°) Il n'y a donc pas *instruction*, mais seulement *contemplation*, et, au bout, un certain nombre d'affirmations que l'émotion religieuse fait accepter sans aucune espèce de discussion (1).

4°) Il n'y a pas de dogmes, à proprement parler, mais des récits, des exemples divins qui sont interprétés mystiquement et que l'on appelle à Eleusis : τά λεγόμενα, « *ce qu'on raconte* ». L'ensemble des récits porte sur l'histoire divine, sur l'histoire des déesses Déméter et Coré et probablement aussi sur celle de Dionysos.

5°) Il n'y a pas de véritable enseignement métaphysique ; il y a un spectacle. Ce spectacle est appelé à Eleusis : τά δεικνύμενα, « *les choses que l'on montre* ». Il convient de les regarder dans un certain sentiment, et ce sentiment est provoqué par une série d'émotions indépendantes de l'enseignement. Il y a aussi un certain nombre de *gestes* liturgiques à accomplir. C'est ce qu'on appelle τά δρώμενα, à Eleusis.

6°) De même qu'il n'y a pas d'enseignement métaphysique, il n'y a pas d'enseignement moral. Il y a seulement des rites de purification. C'est très accessoirement que, dans les Mystères, on en vient à élargir l'idée de pureté. La pureté dont il s'agit foncièrement, c'est *la pureté rituelle*. Ce n'est pas du tout la pureté morale. C'est peu à peu, en creusant la notion de la pureté rituelle et en l'étendant, qu'on atteint ce que nous appelons la pureté morale. C'est le fait de l'initiation, ce n'est pas le fait de

(1) L'*Orphisme* se transmet autrement parce qu'il ne se présente pas sous la forme d'un culte organisé autour d'un temple et qu'il est une *doctrine de salut:* c'est son originalité. Mais cette doctrine est subordonnée, elle aussi, à une histoire sacrée et à des rites efficaces. Une phrase de Pausanias (I, 37, 4) exprime bien la différence entre les deux *éducations* que je compare : « *Celui qui a vu les mystères d'Eleusis, ou qui a lu les livres appelés orphiques, sait ce que je veux dire.* » Il se peut qu'à la longue la doctrine orphique ait agi sur Eleusis.

la moralité, qui établit la différence entre les hommes. Cette différence se marque par la sécurité qu'ont les initiés en face de la mort. Ils apprennent à ne plus craindre la mort. Lors de leur descente aux Enfers, ils sont certains de trouver le bon chemin. Nous lisons dans l'*hymne à Déméter*, vers 181 et suivants : *Heureux l'homme qui a vu. Celui qui n'a point part à « l'initiation n'aura pas le même sort après son trépas dans l'om- « bre sinistre de l'Hadès.* » — « *Trois fois heureux les initiés lorsqu'ils pénètrent dans l'Hadès !* » nous dit Sophocle.

Nous avons conservé un certain nombre d'instructions pratiques qui étaient données au mort au moment où il descendait dans l'Hadès : elles montrent bien, en effet, que la grande affaire pour lui, la grande préoccupation, c'était de trouver le bon chemin. Sur les routes sombres de l'Hadès, il y avait des carrefours, il y avait aussi des pièges. Il fallait, au carrefour, prendre la bonne route, et il fallait éviter les pièges. Sur des lamelles d'or (l'or est le plus subtil des métaux) on écrivait, tantôt des petites sentences qui ressemblent à des formules d'amulette, tantôt, au contraire, des instructions plus longues. En voici une, découverte dans une tombe :

« *Dans la demeure d'Hadès, tu trouveras à gauche une source et près d'elle un cyprès blanc ; garde-toi même d'approcher de cette source. Tu en trouveras une autre où coule l'onde fraîche qui vient du lac de Mémoire ; devant sont les gardiens. Leur dire : Je suis l'enfant de la terre et du ciel étoilé, et mon origine est céleste ; vous le savez, vous aussi. Je suis dévoré par la soif qui me fait mourir, mais donnez-moi sans retard l'onde fraîche qui coule du lac de Mémoire. Et ils te donneront à boire de la source divine et désormais tu régneras avec les autres héros.* » (1)

(1) P. Foucart, *Les Mystères d'Eleusis*, p. 426.

Voilà donc le but de l'initiation : donner à l'initié les moyens d'atteindre le lieu où sont les héros. L'initié va jouir d'un bonheur sans fin dans l'île des Bienheureux ; tandis que le non-initié ne sortira jamais de l'ombre et des souffrances.

Je n'ai pas besoin de vous dire que, dès l'antiquité grecque, un certain nombre d'hommes de bon sens avaient remarqué ce qu'il y avait d'énorme dans le privilège que prétendait dispenser cette simple cérémonie de l'initiation, et Diogène disait en plaisantant : « *Alors, comme cela, un voleur qui serait initié sera plus heureux dans l'Hadès qu'Epaminondas s'il n'est pas initié* ! » C'était l'objection que l'on pouvait faire tout de suite.

Ces vieux Mystères ont eu une influence très durable, particulièrement l'orphisme. Par l'orphisme s'est enfoncée profondément dans le monde grec l'idée que le corps était un poids et un obstacle pour l'âme, dont la destinée est d'arriver à la vie bienheureuse éternelle. Par l'orphisme encore, s'est ancrée fortement cette conviction que l'âme ne pouvait pas réaliser cette destinée par son seul effort, mais seulement avec l'aide divine. Il s'agit d'idées, vous entendez bien, qui se propagent par elles-mêmes sans obliger celui qui les reçoit à s'affilier à aucune secte. C'est cela qui fait leur force, précisément. Les idées orphiques se sont infiltrées partout, là même où il n'y avait pas de secte orphique organisée, là même où il n'y avait pas de Mystères orphiques.

En dehors de l'orphisme, les deux groupes de Mystères qui paraissent avoir eu le plus d'influence sont celui d'Eleusis et celui de Claros. Ils ont continué de vivre au temps de la plus belle fortune des Mystères orientaux et ils ne sont morts qu'avec l'Empire romain lui-même, ou à peu près.

Ce qui manque à tous ces vieux Mystères, ce n'est pas l'émotion. Il semble qu'elle ait été extrêmement intense à Eleusis.

Les Pères de l'Eglise ont insinué qu'il y avait à Eleusis une espèce de féérie continuelle, quelque chose qui ressemblerait, par conséquent, à ce que nous pouvons voir aujourd'hui dans un théâtre à trucs, comme le Châtelet. Eh ! bien, nous savons que ce n'est pas exact. Nous avons exploré le sous-sol du temple d'Eleusis ; il n'était nullement machiné pour produire des effets de ce genre-là. Non. L'émotion venait de la succession des impressions religieuses, de l'état particulier dans lequel, peu à peu, le myste mettait sa propre conscience. Il y avait à un moment donné, semble-t-il, un effet assez violent d'opposition entre l'ombre profonde et la lumière brusque, comme si, après avoir éteint l'électricité ici, on nous laissait pendant quelques minutes nous plonger dans nos méditations, après un sermon très édifiant, pour ensuite rallumer brusquement les lampes. Il devait se passer à Eleusis quelque chose comme cela. C'est bien peu de chose, et qui n'aurait pas suffi pour créer l'émotion. Cela pouvait au plus créer l'objet de l'émotion, et, en quelque sorte, la matérialiser. C'est tout.

Certains de ces Mystères, comme ceux de l'orphisme, avaient poussé très loin le délire sacré. Ce qui leur manque, c'est plutôt *l'intensité du mysticisme*, c'est le complément de *l'ascétisme* profond, qui vient pourtant très vite, comme application de l'idée de *compensation*, lorsque l'homme peut se dire que plus il sera malheureux ici-bas, plus il contraindra les éléments matériels de son être, plus la récompense spirituelle qu'il obtiendra dans l'autre monde sera complète.

Puis, il y a évidemment encore dans ces rites un certain nombre de pratiques qui auront toutes les peines du monde à s'acclimater, à vivre, dans un milieu où les hommes seront arrivés à une représentation morale plus épurée. Dans tous ces rites qui, vous le savez, se rapportaient plus ou moins à la nature, à la production de la vie, à la puissance de la végétation, il y avait toute une série de représentations de l'ordre sexuel qu'il était extrêmement difficile de moraliser. Il faudra beaucoup de temps pour arriver à cette moralisation.

Enfin, ces rites manquaient un peu, semble-t-il, de précision dans les représentations mêmes du salut. Aux approches de notre ère, il ne semble pas qu'ils aient eu un grand rayonnement dans le peuple; pourtant, ni le sexe, ni le genre de vie, ni la position sociale, ni même l'âge ne semblaient entrer en considération pour retarder l'initiation. Les esclaves peuvent être initiés ; les enfants sont initiés, présentés par leurs parents.

Si nous nous tournons vers l'Orient, la terre prédestinée, nous allons trouver autre chose.

On a pu dire que les Mystères hellénistiques qui se sont installés dans le monde grec, durant la période qui va toucher au christianisme, représentent une tentative du génie hellénique pour prendre à son service l'esprit de la religion orientale. En un sens, cela est vrai. Il y a une grande vague orientale, une grande vague de Mystères qui déferle sur le monde hellénistique et sur le monde occidental, sur le monde méditerranéen d'une façon générale, à partir du premier siècle avant Jésus-Christ et qui atteindra probablement son point de plus grand développement au troisième siècle après.

V

Les centres où se sont formés ces Mystères orientaux sont, d'abord l'Egypte, autour d'*Isis*, d'*Osiris* et de *Sérapis ;* en second lieu, la Syrie, autour d'*Adonis*, de *Tammouz* et d'*Atargatis ;* en troisième lieu, la Phrygie, autour de *Cybèle*, d'*Attis* et de *Sabazios*. C'est enfin la Perse, considérée sous le double aspect de la Babylone persane et de l'Iran, où se sont formés les grandes doctrines astrologiques et les Mystères de *Mithra*.

Mais je ne vous ai rappelé là que les noms des principaux dieux qui se trouvent au centre des principaux Mystères. En réalité, tout le monde de l'Asie antérieure est pénétré des idées essentielles des Mystères, des mêmes idées générales. Tout ce monde asiate se hérisse de cultes du salut. Une quantité de divinités, bien moins connues, bien moins rayonnantes que celles dont je viens de parler, jouent pour leurs fidèles exactement le même rôle, dans des organisations mystérieuses tout à fait analogues.

Toutes les divinités, à peu près, tendent à devenir des divinités du salut. Héraclès, par exemple, se transforme en dieu sauveur. Il meurt sur le bûcher ; il ressuscite. On peut dire qu'il y a là une sorte d'état d'esprit religieux qui tend à se généraliser dans tout l'Orient hellénique, et qui est bien plus oriental que grec, parce qu'il caractérise la mentalité religieuse des Orientaux au temps où nous nous plaçons.

Les origines de ce grand mouvement, polymorphe dans son expression, mais très uni dans sa direction et dans son esprit, sont obscures pour nous. En gros, nous voyons qu'il s'agit encore de rites, puis de mythes se rapportant au soleil et à la végétation, le tout interprété en fonction des besoins de l'homme. Les caractéristiques générales du mouvement, les voici, et vous allez saisir tout de suite leurs ressemblances avec celles des Mystères dont je viens de parler, et les additions qui les en distinguent.

1° D'abord, une opinion pessimiste sur l'homme, lequel est reconnu incapable de faire tout seul son salut, c'est-à-dire d'arriver à l'immortalité bienheureuse. Il y a donc lieu d'établir une distinction fondamentale entre ceux qui le feront, ce salut, et ceux qui ne le feront pas. Et qu'est-ce qui marque cette différence ? La grâce du dieu ; l'appel du dieu. Il y a des élus, et des dédaignés. Le dieu élit qui il veut et il accorde sa grâce à qui il veut.

2° En second lieu, nous voyons des opinions, moins fermes, à la vérité, sur la distinction entre le principe durable de l'homme et la matière périssable dont est composé son corps. Mais là, il y a deux solutions : la solution de *l'immortalité de l'âme*. L'homme se désintéresse du corps. Ce corps retourne à la nature d'où il est venu, et le principe spirituel, l'âme, va vivre avec les dieux. La deuxième solution, c'est celle de la *résurrection de la chair*, la représentation perse, qui est très peu sympathique aux gens d'Occident. Mesdames et Messieurs, vous ne sauriez croire combien de temps les Occidentaux mettront à accepter le dogme chrétien de la résurrection. Il faudra des efforts constants, des efforts redoublés et longs aux Pères de l'Eglise, pour arriver à leur faire accepter cette représentation qui leur paraît très grossière. Pénétrés qu'ils sont d'idées platoniciennes, ils disent : « C'est entendu, il y a le corps et l'âme. Le corps ce n'est rien ; c'est un poids. Quand on en est débarrassé, c'est tant mieux, et la pensée qu'un jour viendra où nous serons de nouveau encombrés de la chair, où le principe spirituel, qui est l'essentiel de notre être, sera de nouveau obligé de porter le poids de la matière, nous serait tout à fait insupportable. » Au point que lorsqu'on regarde les témoignages épigraphiques dans les cimetières, on peut être sûr que là où on trouve, les unes à côté des autres, une série d'inscriptions affirmant la résurrection de la chair, on est dans le cimetière d'une colonie d'Orientaux. Et ceux d'entre vous qui sont familiers avec la littérature chrétienne savent fort bien qu'il s'y trouve maints traités, sans parler de ceux que nous avons perdus, qui permettent de se rendre compte que la résurrection de la chair n'était pas généralement admise par les fidèles aux premiers siècles. Elle ne s'est imposée à tous que peu à peu. Voilà donc deux représentations difficiles à concilier, car elles sont, jusque dans leur principe, antinomiques : celle de l'immortalité de l'âme et celle de la résurrection de la chair.

3° Il s'est formé une troisième conception qui a connu un succès plus général : c'est la doctrine du *Sôter*. Elle est extrêmement ancienne dans le monde oriental, où les rois passent facilement pour des dieux, et pour des dieux sauveurs, et même dans le monde hellénistique : les souverains Séleucides, et surtout les souverains Lagides, les souverains égyptiens, sont des *sôteres*, des sauveurs.

Cette doctrine prend la forme particulière d'une expérience divine : un dieu a vécu ; ce dieu a souffert ; il est mort ; il est ressuscité. Lorsque, par conséquent, il nous dit que si nous mourons, nous pouvons ressusciter aussi, il s'y connaît. Il peut nous faire passer par les chemins qu'il a lui-même suivis. Ainsi Dionysos Zagreus a été déchiré et a repris vie. Ainsi Apis a été tué et a pu revenir à la vie. Ainsi Adonis, décousu par le sanglier, est redevenu vivant et dieu. Ainsi Osiris, mis en morceaux, a été retrouvé et recollé par Isis et a de nouveau connu l'existence. Il semble probable que Mithra, à une date que nous n'entrevoyons pas, a traversé aussi un mythe de mort de ce genre. Et Koré, Koré d'Eleusis elle-même, qui n'est point morte, est descendue dans les Enfers et est remontée. Elle sait, par conséquent, quel chemin mène à la région des dieux ; elle sait ce qu'il en est ; elle peut donc nous en instruire.

Voilà l'idée essentielle de la doctrine du Sôter. Ce dieu est mort et ressuscité et il peut nous apprendre comment, puisque nous devons mourir, nous pouvons aussi ressusciter. Il devient donc à la fois un modèle et une garantie pour l' homme. Il est également l'intercesseur, le médiateur, et le *psychopompe*, c'est-à-dire le guide des âmes. Il est l'intermédiaire entre l'homme et le dieu suprême. Car il est remarquable que ce dieu placé au centre des Mystères n'est jamais originairement une grande divinité, ou presque jamais. C'est une divinité qui a été grandie par le rôle même qu'elle a joué dans les Mystères, mais qui, dans le principe, demeurait de second ordre.

Tous ces Mystères, sans arriver à une représentation parfaitement exacte du monothéisme, tendent vers le monothéisme, en ce sens qu'ils tendent de plus en plus à supprimr les dieux spécialisés, en les résorbant dans le dieu unique, dont leurs attributions deviennent les diverses fonctions ; mais d'autant plus croit-on, alors, que l'homme tout seul ne peut pas atteindre jusqu'à Dieu et qu'il a besoin de l'intermédiaire, de l'intercesseur divin qu'ils lui offrent.

4° Il y a, en quatrième lieu, dans les Mystères, la détermination d'une méthode de salut par l'assimilation des hommes à la personne, à la destinée du dieu. L'homme partage donc d'abord ses souffrances par cette assimilation mystique ; c'est « *la communion de ses souffrances* », dont nous parle l'apôtre Paul. Et, partageant les souffrances du dieu, l'homme partagera son salut final.

Il nous est parvenu un traité très intéressant de Firmicus Mafernus (IVe siècle) intitulé *De errore profanarum religionum*. Au chapitre 22, on lit la description d'une scène curieuse. Nous ne savons pas s'il s'agit des mystères d'Attis ou de ceux d'Osiris. L'écrivain représente le dieu mort, couché sur une civière. Autour de la civière, les fidèles sont prosternés, pleurant et se lamentant ; alors le prêtre les rassure. Il passe devant eux ; il leur fait à chacun une onction d'huile sainte sur la gorge, en murmurant lentement et à voix basse ces paroles : « *Rassurez-vous, mystes ; le Dieu est sauvé et vous aurez aussi le salut au bout de vos peines.* »

Ainsi le prêtre catholique, distribuant la *Communion* à la sainte table, murmure la formule de réconfort, d'espérance, que vous connaissez bien. La ressemblance est tellement évidente qu'elle saute aux yeux tout de suite.

L'assimilation avec le dieu s'opère par des rites réputés tout puissants. C'est le dieu lui-même qui est censé les avoir établis. Ils sont d'ailleurs appliqués sans que soient prises en considération les dispositions personnelles de celui qui les reçoit. Ils sont, à la fois, réalistes et mystiques. Leur but, c'est donc d'arriver à assimiler le myste au dieu lui-même. Ainsi, le sectateur d'Osiris devient un Osiris. Le fidèle d'Attis devient un Attis ; « *Aussi vrai que vit Osiris, aussi vrai il vivra. Aussi vrai qu'Osiris n'est pas mort, aussi vrai il ne mourra pas. Aussi vrai qu'Osiris n'est pas anéanti, lui non plus n'est pas anéanti.* » Voilà un texte égyptien qui montre très nettement quelle est l'affirmation fondamentale dont je parle. Dans les Mystères de Dionysos, le myste s'assimile au *chevreau*, c'est-à-dire à Dionysos ; et dans le culte d'Attis, il s'assimile au taureau, qui représente Attis.

Voici l'opération que l'on appelle le « taurobole ». Le myste est descendu dans une fosse. Sur cette fosse, il y a une grille de bronze. On égorge, sur la grille, le taureau qui représente Attis, et le myste tend les bras, ouvre la bouche, fait pénétrer le sang partout, parce que le sang, dans les convictions des anciens, est le véhicule de l'esprit et comme l'*excipient de la vie*. L'esprit d'Attis le pénètre donc de toutes parts et lorsqu'il sort, tout dégoûtant et gluant, de la fosse, les assistants s'inclinent devant lui, le saluent du titre d'Attis. Il est tellement Attis qu'il est solennellement conduit au lit de la déesse.

Il s'agit donc d'une assimilation aussi complète que possible. Cette assimilation est considérée comme une *renaissance*. Le myste est qualifié de *rené* (renatus) et on lui offre du lait comme à un petit enfant.

A côté de ces rites, il existe une autre façon d'opérer l'union avec le dieu. C'est le repas de communion. C'est la consommation des espèces sacrées à la table du dieu.

Le mysticisme, l'émotion religieuse, les moyens physiques, tout est mis en œuvre dans ces liturgies. Il y a des fêtes magnifiques où rien n'est négligé pour que tous les ressorts de l'émotivité religieuse soient tendus à leur maximum.

5° A ces rites et à ces conceptions, s'est ajoutée, secondairement, tardivement, l'idée, peu à peu grandie, de la vie sainte nécessaire, qui représente une tentative extrêmement curieuse pour moraliser tous ces cultes. En effet, comme je vous le disais tout à l'heure, un certain nombre d'entre eux, au premier abord, semblent beaucoup plus inclinés vers ce que nous appelons l'immoralité que vers ce que nous nommons la morale. Si vous parcourez d'ailleurs, et vous ne regretterez pas de vous y être attardés, l'extraordinaire livre d'Apulée que l'on appelle « *Les Métamorphoses* ", vous serez frappés d'y voir une étonnante préoccupation de l'abstinence, de la chasteté, de la dévotion. Vous y relèverez des expressions comme « *le port du repos* », « *la maison de miséricorde* », « *la sainte milice* », « *la béatitude religieuse* » (1), avec des effusions de tendresse mystique qui ne sont pas particulières à Apulée, mais qui

(1) *Ad portum quietis; ædes misericordiæ; sancta militia; religiosa beatitudo*, etc.

sont caractéristiques de la religion des Mystères au second siècle de notre ère, époque où vivait Apulée.

De plus en plus s'affirme, par conséquent, l'idée que la vie sainte, souvent manifestée par diverses formes d'ascèse, prépare l'élection par le dieu, et la descente de sa *grâce*, à la faveur de l'initiation, et qu'elle est nécessaire à la divinisation de l'homme, qui est le terme de sa perfection.

6° On trouve, enfin, dans les Mystères, l'idée que l'humanité est divisée par l'initiation en deux catégories d'individus : les *enfants* et les *parfaits*. Il existe des degrés menant des uns aux autres, les *parfaits* réalisant seuls l'idéal divin. Ils forment une fraternité. Ils s'appellent entre eux *les frères* et *les saints*, et ils sont *unis dans le dieu* ; ils sont à son service, et le service du dieu, si étroit qu'il soit, si semblable qu'il paraisse à un esclavage, est, en mystique, la liberté. On lit dans les *Métamorphoses* d'Apulée : « *Quand tu commenceras à servir la déesse, alors tu sentiras davantage le fruit de la liberté.* »

Ces mystères se recrutent dans tous les mondes, chez tous les peuples, sans aucune distinction sociale. On ne voit guère que les Mystères de Mithra qui n'acceptent pas l'initiation des femmes. Il y a, d'ailleurs, différents moyens pour compenser cette carence des Mystères de Mithra au regard des femmes. Généralement, il s'établit une sorte d'association entre eux et le culte de la Grande Mère phrygienne qui les accueille.

Dans les Mystères, on ne tient compte des individus que dans leur relation avec le dieu ; leur origine n'importe pas. Il y a donc constitution de fraternités d'initiés, unis par leur communion avec le dieu. Elles sont pratiquement closes, mais, en théorie, elles se disent universalistes, c'est à dire ouvertes à tous les croyants du monde entier. A leur tête se trouve un clergé spécialisé. Vous comprenez que l'exactitude de la liturgie étant capitale, on ne peut pas en confier le fonctionnement à n'importe qui. Le recrutement de la communauté est assuré par la propagande privée. Chaque myste est un missionnaire.

Chose au premier abord singulière, tous ces Mystères s'entendent très bien entre eux. La principale raison de cet accord est que tous tendent de plus en plus vers une représentation monothéiste : ils en viennent à penser que leurs différents dieux, qui jouent à peu près le même rôle, ne sont, en somme, que des formes diverses de la même personne divine. C'est pourquoi le syncrétisme les unit tous, et c'est pourquoi aussi, un myste qui veut être tout à fait sûr de son salut se fait initier à différents Mystères. Apulée a été initié à peu près à tous (1).

Ces Mystères rayonnent puissamment en raison de l'espérance consolatrice qu'ils apportent, et de la certitude qu'ils donnent, aux hommes misérables, d'une compensation dans un autre monde.

On a observé (c'est une remarque de M. de Faye, qui est très juste et très profonde), que lorsque Clément d'Alexandrie a entrepris, dans son « *Protreptique* », la réfutation du paganisme du début du troisième siècle, il a commencé par la réfutation des oracles et des Mystères comme étant les grands ennemis du christianisme.

VI

Et cependant, Mesdames et Messieurs, le mouvement qui porte les Mystères a comme point d'aboutissement nécessaire

(1) Symmaque, *Relatio*, 3 : *uno itinere non potest perveniri ad tam grande secretum*. Epitaphe de Vettius Praetextatus : *Divumque numen multiplex doctus colis*.

le christianisme. Ils sont gros du christianisme, si je puis ainsi dire. Le christianisme nous apparaît comme le plus complet des Mystères de salut et comme leur vainqueur à tous. Bien avant que de les absorber et de les évincer, il a profondément subi leur influence.

D'abord, les Mystères avaient exercé leur influence *sur le judaïsme*. Cette influence est certaine, mais encore difficile à fixer pour le moment. Nous entrevoyons une action sur les synagogues de la *diaspora*. C'est à peine si, à l'heure présente, il est possible de poser, avec beaucoup de prudence, quelques conclusions encore un peu hypothétiques. Nous entrevoyons les phénomènes de contamination surtout à travers les épîtres de Paul, qui est un juif de la *diaspora*. Elles sont singulièrement éclairées par cette hypothèse dans leurs parties les plus obscures.

Peut-être le judaïsme hellénisé a-t-il été la passerelle par laquelle les influences des Mystères sont arrivées jusqu'au christianisme. Il semble, en effet, que ce soit d'abord à travers le judaïsme de la diaspora que l'action se soit exercée. Cependant, il s'est produit une influence directe dès que le christianisme a cessé d'être une simple espérance juive et qu'il s'est trouvé bien enraciné dans le monde hellénistique.

Je ne puis, Mesdames et Messieurs, que vous indiquer quelques traits, mais ils sont assez frappants pour que vous puissiez tirer d'eux toute la leçon qu'ils comportent.

Le christianisme paulinien nous apparaît comme un Mystère, comme un Mystère avec ses degrés. (Paul nomme positivement les νήπιοι, et les τέλειοι, les *enfants* et les *parfaits*). Il nous apparaît avec sa révélation, qui n'est pas seulement religieuse ; on y voit une cosmologie qui se trouve indiquée dans l'*épître aux Colossiens*, et l'*épignosis*, la *surconnaissance* de Paul, ne comprend pas seulement la révélation de toute l'économie du monde dont le Christ est à la fois l'auteur et le but.

Il y a, dans le *paulinisme*, la théorie de l'indignité de l'homme accablé par la chair du péché ; la théorie de l'appel gratuit de l'homme par la grâce, appel qui dépend de la volonté de Dieu. Tel homme est appelé ; tel autre ne l'est pas. Il y a la théorie de la réconciliation de l'homme à Dieu par le Seigneur mourant, le Seigneur *crucifiant le péché*, avec son propre corps. Il y a la théorie de la garantie du salut de l'homme par le Seigneur ressuscitant, qui a connu et qui a vaincu la mort. Il y a la doctrine de la nécessité de la transformation de l'élu, d'abord par la foi, puis par l'association aux souffrances du Seigneur, par l'assimilation au Seigneur. Assimilation qui s'opère par le baptême, et ce baptême n'est pas encore chez Paul ce qu'il est devenu depuis, un moyen d'effacer le péché originel, mais il est un acte symbolique et mystique, par lequel le myste chrétien s'associe à la mort féconde, à la mort rédemptrice du Seigneur ; — assimilation qui se fait encore par le repas eucharistique ; — assimilation qui est non seulement la condition du salut pour le chrétien, mais le principe d'une véritable *renaissance :* le fidèle est un homme nouveau. Et, au centre même du culte paulinien, se trouve placé le nom tout puissant, le nom du Seigneur.

Tenez, Mesdames et Messieurs, il existait dans l'orphisme une pratique au premier abord singulière, une pratique selon laquelle, lorsqu'un homme était mort, ses proches, s'ils voulaient lui éviter le péril des renaissances successives, pouvaient faire accomplir à son intention les rites de libération. Or le *baptême pour les morts* existe dans le paulinisme ; il est mentionné expressément dans la *première aux Corinthiens*, 15, 29.

Le christianisme de Paul est conçu comme une fraternité close, chacun étant consacré au service du Seigneur, uni à lui et uni aux autres *saints*. Jamais Paul n'a osé aller jusqu'à dire du chrétien : « *C'est un Christ* », comme le fidèle d'Attis pouvait être appelé « *un Attis* » et comme on pouvait appeler le myste égyptien « *l'Osiris* », mais on peut dire qu'à plusieurs reprises, il a été tangent à cette assimilation. Rappelez-vous le texte de l'*épître aux Galates*, 2,20 : « *Maintenant, ce n'est pas moi qui vis, c'est le Christ qui vit en moi.* » Voyez de même le texte de la *seconde aux Corinthiens*, 6,15 : « *Ceux qui vivent ne vivent plus par eux, mais par Celui qui est mort pour eux et ressuscité.* » Le service du Seigneur est un esclavage, mais cet esclavage est la liberté; car il est écrit, dans la *seconde aux Corinthiens*, 4,17 : « *Là où est l'esprit du Seigneur, là est la liberté.* » L'apôtre enfin connaît des *paroles ineffables*, paroles qu'on ne peut pas répéter (*seconde aux Corinthiens*, 12,4), paroles qu'on ne peut pas dire et qui portent malheur quand on les dit, hors de l'initiation et du Mystère, bien entendu.

Nombreux, Mesdames et Messieurs, sont ces traits de ressemblance que je ne fais que vous indiquer très rapidement, en m'excusant de parler si longtemps. Les rapprochements sautent aux yeux dès que l'on étudie à la fois les Mystères et le paulinisme. Nombreux sont les cas où les formules pauliniennes et johanniques les plus difficiles à entendre pour nous à l'heure actuelle, trouvent leur équivalent exact dans la littérature hermétique.

L'influence des Mystères sur le christianisme ne s'est pas bornée aux origines, ni limitée au paulinisme. Elle s'est prolongée et même elle a engendré toute une littérature, dont il nous reste au moins des débris. Les anciens chrétiens se doutaient bien de la relation que décélaient tant de ressemblances, et ils en avaient trouvé une explication, la seule qui pouvait venir à leur esprit : ils disaient que le diable, désirant égarer la foi, avait, par avance, imité les rites salutaires du Christ. Ou alors, quelquefois, ils déclaraient qu'Orphée avait été le disciple de Moïse et que c'étaient des étincelles de la Vérité qui étaient tombées dans l'obscurité de ces écrits hermétiques.

La question, pour nous, se pose autrement ; elle se pose surtout sous la forme chronologique. D'où est venue l'influence ? Est-ce le christianisme qui a laissé choir dans les Mystères un certain nombre de bolides ? Ou, au contraire, sont-ce les Mystères qui ont réagi sur le christianisme ?

Mesdames et Messieurs, lorsqu'on a vécu un peu longuement dans l'intimité des textes qui dominent le débat, il n'y a pas de doute sur la réponse. Il paraît certain que le christianisme a agi à un certain moment sur les Mystères, mais que la grosse action est venue des Mystères sur le christianisme. Il n'y a pas l'ombre d'un doute, le christianisme a vécu dans le milieu des Mystères ; il s'est nourri des Mystères. Il s'agit de comprendre comment l'opération s'est faite

Nous possédons un écrit de grande importance sur lequel les érudits se sont beaucoup disputés. C'est un ouvrage hermétique qu'on appelle « *Poimandres* ». Nous ne savons pas exactement de quelle époque il est. Alors les partisans irréductibles de l'originalité absolue du christianisme disent : s'il est extrêmement difficile d'affirmer que le livre n'est pas de plusieurs époques, qu'il n'a pas été fait en plusieurs fois, peut-être que les textes essentiels sont du troisième ou du quatrième siècle après Jésus-Christ, et alors ils ne prouvent rien, sinon qu'ils s'inspirent du christianisme. — Eh ! bien, c'est là une très mauvaise réponse. Lorsqu'on a sérieusement pratiqué le « *Poimandres* », on s'aperçoit qu'il contient un certain nombre d'idées fondamentales, qui se retrouvent d'un bout à l'autre du livre, et que ce sont précisément les idées qui ont eu le plus d'action sur le christianisme. Quelle que soit la date du « *Poimandres* », il remonte à des traditions que représentent ces idées fondamentales. Là encore, la question de date, malgré son apparence de rigueur brutale, n'a pas autant d'importance qu'on pourrait le croire au premier abord.

Mais comment nous expliquerons-nous cette transfusion des Mystères dans la foi nouvelle, transfusion qui a fait de l'espérance juive première une religion nouvelle de salut ? Il ne saurait être question d'un emprunt voulu, ni de combinaisons conscientes. Il n'est pas difficile d'entasser des témoignages chrétiens sur l'horreur que les Mystères inspiraient aux fidèles. Tertullien (*Apologétique* 39), déclare « *que ce sont des lieux de luxure et de mystification* ». Clément d'Alexandrie dit que « *ce sont des cérémonies, des symboles ridicules et obscènes, ou bien le rappel d'aventures qui ne valent pas mieux.* » Tatien parle à peu près sur le même ton. Et, à l'extrême fin de la période classique, il suffit de remonter aux œuvres de Grégoire de Nazyance ou de Saint-Jean Chrysostôme pour trouve la même opinion.

Les chrétiens ont eu horreur des Mystères, ils n'ont pas été les copier ; mais les Mystères ont agi sur eux, sans qu'ils s'en doutassent, uniquement parce que les chrétiens ont vécu dans un milieu pénétré jusqu'aux moelles par leurs influences et qu'ils les ont subies sans les discerner. Saint-Paul offre un excellent exemple du phénomène.

On a imaginé que Paul passait ses nuits à compulser des livres hermétiques. C'est puéril. Bien sûr, il ne lisait pas les livres hermétiques qu'il avait en horreur. S'il les avait trouvés, il les aurait mis au feu. Mais il vivait dans un milieu où les représentations des Mystères ont, peu à peu, pénétré dans son esprit et dans son cœur ; elles se sont christianisées en lui ; elles y ont trouvé une expression chrétienne, mais elles n'en sont pas moins la chair et le sang des Mystères.

Et pourquoi, maintenant, le christianisme a-t-il eu le dernier mot ? Pourquoi est-ce lui qui a triomphé ?

1° D'abord, parce qu'il a eu le courage de se refuser au syncrétisme volontaire qui anémiait lesMystères. Il s'est placé, lui tout seul, en face de tous les autres. Ah ! c'était risquer gros ! L'événement lui a donné raison.

2° Parce qu'en second lieu, il était assez souple et assez simple pour prendre aux autres Mystères ce qu'ils contenaient de substance religieuse vraiment vivante, et assez jeune pour l'absorber et l'assimiler. Parce qu'il reposait sur le monothéisme juif, avec lequel il transigera un peu plus tard, mais dans des formes théologiques ; c'était moins dangereux que le polythéisme syncrétiste. Au début, il a strictement reconnu *un seul Dieu, un seul Seigneur ;* grand avantage sur la tendance un peu indécise des Mystères.

3° Parce que son Seigneur est un être qui a vécu et non pas un être mythique. Sa résurrection produit des témoins et des garants personnels. Attis, le pin sous lequel il était mort et était resté, tout cela c'était bien lointain, et lorsqu'on regardait de près toutes les histoires divines des Mystères, on avait peut-être envie de sourire, tandis que le christianisme présentait son Sauveur, son Sôter, avec des garanties immédiates et humaines qu'aucun autre Mystère ne pouvait offrir.

4° En outre, le christianisme a insisté beaucoup sur la vie sainte qui n'était encore qu'une tendance dans les Mystères. Et même, au début, le christianisme n'est pas à proprement parler *une foi*, ou si vous voulez, ce n'est encore qu'une *foi-*

confiance ; ce n'est pas une *foi-croyance* et c'est essentiellement *une vie*, une morale, et une morale dégagée de toutes les illustrations compromettantes de la plupart des Mystères, — hormis les Mystères de Mithra, très moraux. D'où le grand danger pour l'Eglise chrétienne de la concurrence mithriaque, et de sa persistance.

5° Les rites du christianisme sont extrêmement simplifiés. Leur efficacité est, en quelque sorte, rassemblée sur deux opérations par lesquelles le chrétien s'imprègne de la vertu du Christ, le *baptême* et l'*Eucharistie*, qui ont une supériorité intrinsèque sur les liturgies complexes, mais parfois puériles ou inconvenantes, de la plupart des autres Mystères, Mithra encore excepté.

6° Le christianisme a trouvé le moyen de concilier les deux représentations dont je parlais il y a un instant, les représentations de l'*immortalité* et de la *résurrection*. Un esprit logique trouvera peut-être à redire à cette conciliation. Mais nous ne sommes pas dans la logique ici, nous sommes dans le domaine religieux. La totalisation est toujours préférable à la division dans ce cas-là.

7° C'est un mystère bien plus largement ouvert que tous les autres ; son accès est nettement offert à tous les hommes. Enfin, la société fraternelle qui le compose est essentiellement charitable. C'est *une société de secours mutuel*, et une société de secours mutuel qui finit par unir les Eglises particulières dans la grande Eglise du Seigneur. Partout où l'on invoque le nom du Seigneur, l'homme qui invoque ce nom est sûr de rencontrer des frères et de trouver un appui. Ce n'est pas là un avantage très original dans le christianisme ; mais il s'y est extrêmement développé, beaucoup plus développé qu'il ne l'a fait nulle part ailleurs.

Voilà les principales raisons historiques — ce sont les seules que nous ayons à considérer ici — du triomphe du Mystère chrétien sur les autres. Il leur paraît très supérieur à divers points de vue évidemment, mais il ne s'en place pas moins dans leur ligne et dans leur temps.

VII

Concluons. L'organisation des Mystères de salut représente donc une étape de l'évolution générale des religions, une étape qui est, en même temps, un progrès. Toutes ne l'ont pas traversée ; celles qui intéressent notre monde occidental le plus directement l'ont traversée et la grande religion occidentale en est sortie.

Le phénomène de cette expansion des Mystères s'est produit en un temps de défaillance scientifique ; c'est ce qui explique l'extravagance de leurs rites. Dans le christianisme, c'est la supériorité de l'esprit religieux d'Israël qui a suppléé, en une certaine mesure, à l'absence de l'esprit scientifique et l'a sauvé, aussi largement qu'il était possible de le faire en ce temps-là, de la mythologie.

Le christianisme n'est pas resté à l'étape du Mystère ; il a continué d'évoluer. Les représentations pauliniennes qui se rapportent au Mystère chrétien n'ont pas toutes duré, il s'en faut de beaucoup. Je n'ai pas besoin de vous dire que la conception que l'Apôtre se fait du baptême s'est modifiée. La religion chrétienne a évolué vers un dogmatisme où les spéculations grecques ont eu la grosse influence, puis vers une religion de l'esprit et du cœur, en dégageant du dogme et du rite la conception épurée de la vie qui représente une de ses faces premières. Ce ne sont pas là les tendances des Mystères ; mais dans toute sa vie et spécialement dans sa période antique, le christianisme porte la trace de l'influence des Mystères : sous les espèces de l'*Arcane* ou secret théorique de l'initiation, du symbolisme, de la fraternité mystique, de la grâce sacramentelle, et aussi de la purification ascétique, de l'illumination et la contemplation qui sont les trois étages de la vie spirituelle.

Il serait du reste excessif de dire que le christianisme d'aujourd'hui paraît, dans toutes ses confessions, dégagé complètement de l'influence et de l'esprit des Mystères et qu'il n'est pas encore, pour beaucoup de ses fidèles, un Mystère d'immortalité.

CHARLES GUIGNEBERT.
Professeur à la Sorbonne.

Rites et Sacrifices

par

ADOLPHE LODS

Les organisateurs de ces conférences ne redoutent pas les vastes sujets. « Rites et Sacrifices », c'est une forêt immense et, dans beaucoup de ses parties, une forêt encore vierge. Si j'essayais de vous la faire parcourir tout entière dans le temps qui m'est départi, je risquerais fort de me perdre dans ce labyrinthe et de vous y égarer avec moi ou bien je serais forcé de la survoler à une hauteur telle que vous n'apercevriez plus le détail de la réalité vivante.

Il y a des rites à l'infini : il y a ceux de la naissance et de ce qui la précède, ceux de l'initiation, du mariage, de la guerre, de la chasse et de la pêche, de la culture et de l'élevage, du culte, de la maladie, du deuil. Il y en a qui essaient d'agir sur les choses, d'autres sur les morts, d'autres sur les dieux. Il y en a qui prétendent agir par contrainte (rites magiques), d'autres par persuasion (rites religieux). Il y en a d'oraux et de manuels, de positifs et de négatifs, etc.

De cette multitude de pratiques, nous détachons, pour l'étudier, un groupe — il est vrai d'une importance capitale — celui que constituent les sacrifices. Ce que nous en dirons suggèrera, je l'espère, quelques notions sur le rite en général.

Le sacrifice, c'est-à-dire l'immolation cérémonielle d'un être vivant, — homme, animal ou quelquefois plante tenue pour un être animé, — est, on le sait, une pratique si universelle qu'elle a pu longtemps être considérée comme un élément caractéristique et indispensable de toute religion, au même titre que la prière. On connaît le rôle de premier plan qu'il jouait dans tous les cultes de l'antiquité. Il se perpétue en quelque manière dans la plupart des grandes religions monothéistes du présent. L'islamisme lui a conservé une place, notamment dans le culte rendu aux ouélis ou saints. Le judaïsme en maintient la légitimité théorique : seule la destruction accidentelle du temple de Jérusalem en a suspendu et en suspend encore la célébration effective. Dans le christianisme, la mort du Christ a été de très bonne heure interprétée comme un sacrifice, dont les immolations rituelles n'étaient que la figure. Et la dogmatique orthodoxe du catholicisme et du protestantisme attache encore de l'importance à cette assimilation. De sorte que l'enseignement traditionnel des Eglises maintient, en principe, l'idée de l'efficacité du sacrifice. Du reste, dans le catholicisme, la célébration effective de l'antique rite sacré se perpétue, puisque la Sainte-Cène est interprétée comme la répétition réelle du sacrifice du Calvaire.

Pourquoi cette diffusion quasi universelle de l'immolation sacrée ? Comment ce rite est-il né ? Quelles ont été les étapes de son développement ? Ceux qui connaissent la question ne me contrediront pas, je pense, si je pose en fait que l'histoire des religions, science fort jeune encore, n'est pas en mesure, à l'heure actuelle, de donner à ces questions une réponse qui s'impose à tous les chercheurs. Les systèmes proposés sont très divergents. Aussi, au lieu d'apporter simplement mon sentiment personnel, ai-je pensé qu'il serait plus utile d'exposer d'abord l'état de la question et de présenter, en les discutant rapidement, quelques-unes des opinions qui ont cours actuellement dans le monde savant, sur ce problème de la genèse et de l'histoire du sacrifice (1).

Beaucoup d'historiens des religions estiment qu'il faut consulter les peuples mêmes qui pratiquent ou ont pratiqué le sacrifice et que l'une des interprétations données par ces peuples nous a conservé exactement l'idée première qui a donné naissance au rite.

On sait, en effet, que, dans les sociétés dont la religion comportait des sacrifices, on donnait, des rites traditionnels que l'on célébrait, non pas une explication unique, mais plusieurs interprétations sensiblement différentes.

Chez les Israélites, par exemple, on relève au moins quatre idées bien distinctes. 1° *Le sacrifice est un don*, un présent offert à Dieu : de là des pratiques comme le vœu, le sacrifice accompagnant une prière, le sacrifice d'actions de grâces, les hécatombes, les offrandes de vêtements, d'armes, d'esclaves, etc. C'est la conception qui domine dans les textes antérieurs à l'exil. — 2° *Le sacrifice sert à expier le péché.* C'est l'interprétation qui est au premier plan à partir de l'époque d'Ezéchiel, notamment dans la législation lévitique du Pentateuque. — 3° *Le sacrifice est le repas de Dieu :* de là des expressions comme « le pain de Yahvé » pour désigner le contenu du sacrifice, « la table de Yahvé » comme synonyme d'autel ; de là l'addition de pain, de vin et de sel à toutes les offrandes animales ; de là le rite des « pains de proposition ». — 4° Çà et là enfin se fait jour une quatrième interprétation du sacrifice : *ce rite établit la communion* entre les sacrifiants et la divinité. En participant aux sacrifices

(1) Une grande partie des développements qui suivent sont empruntés à une étude plus détaillée que nous avons publiée dans la *Revue d'Histoire et de Philosophie religieuses*, I, n° 5 (nov.-déc. 1921), p. 483-506.

offerts à Baal Peor, les Israélites « se sont accouplés » à ce dieu (Nomb. 25, 1-3. 5). « Rassemblez, dit Yahvé dans un psaume (50,5), ceux qui ont fait alliance avec moi par le sacrifice. » Le sel mis sur les victimes est appelé « le sel de l'alliance de ton Dieu » (Lév. 2, 13). Cette conception de l'effet du sacrifice était encore vivante dans le judaïsme au Ier siècle après J.-C., car Paul l'invoque, comme un argument irréfutable aux yeux d'un homme sensé, pour détourner les chrétiens de Corinthe de manger délibérément des viandes provenant d'un sacrifice païen ; les « Israélites selon la chair », c'est-à-dire les Juifs, « ont communion avec l'Autel » (façon respectueuse de dire : avec Dieu) quand ils mangent des victimes (1 Cor. 10, 15-21).

Ces quatre interprétations (don, expiation, repas divin, communion) sont aussi — fait assez significatif — celles qui avaient cours côte à côte dans l'antiquité grecque et romaine, comme cela ressort, par exemple, d'un mémoire présenté en 1921 par M. Toutain à la Société Ernest Renan (1).

Il est naturel que beaucoup d'ethnographes et d'historiens des religions aient pensé que ces diverses interprétations n'étaient pas également anciennes et que l'une d'entre elles représentait la notion première, génératrice du rite, les autres étant venues s'y adjoindre successivement.

I

C'est ainsi que pour Tylor, le père de l'ethnographie, le sacrifice a été à l'origine *un don* fait à la divinité et analogue à celui qu'on offre à un chef. Il est inutile, pensait-il, de recourir à une

(1) *Sur quelques textes relatifs à la signification du sacrifice chez les peuples de l'antiquité*, *Revue de l'Histoire des Religions*, tome LXXXIII, n° 1-2 (janvier-avril 1921), p. 109-119.

explication mystique, si l'on étudie le problème à la lumière de l'ethnographie (1).

Et l'on arrive, en effet, dans cette hypothèse, à expliquer d'une façon vraisemblable pourquoi les animaux étaient tués et non offerts vivants — c'est que les êtres invisibles n'absorbent que l'esprit des choses, — pourquoi le sang joue souvent un si grand rôle dans les sacrifices — le sang, c'est la vie, l'âme, la partie spirituelle de l'être.

On explique déjà plus difficilement pourquoi l'offrande consistait rarement en objets précieux et presque toujours en aliments. Il faut faire intervenir aussi l'idée subsidiaire de repas.

On a plus de peine encore à rendre compte de ce qu'on a proposé d'appeler les « sacrifices mangés », c'est-à-dire de ceux où le fidèle consommait une partie de la chair de la victime. Tylor y voyait une transformation ultérieure et une atténuation de l'holocauste : le don, d'abord effectif et total, aurait été réduit à n'être plus qu'un simple hommage. Les fidèles, ayant vite remarqué que leurs offrandes n'étaient pas réellement absorbées par les dieux, se seraient chargés de les consommer. On persuade au dieu que la partie de l'animal qu'on lui offre représente le tout ; au besoin on lui donne de petits morceaux prélevés sur chacun des membres de la victime ; ou bien on lui réserve les organes réputés vitaux et qui se trouvent être les moins comestibles, notamment la graisse qui couvre le foie ou celle des intestins (2). Ainsi les puissances invisibles en sont réduites à se repaître de l'épaisse fumée et de l'âcre relent produits par la combustion de la graisse, tandis que leurs pieux

(1) Edward B. Tylor, *La Civilisation Primitive*, Paris, Reinwald, 1876-78, II, p. 483-484.

(2) Alfred Loisy, *Essai historique sur le sacrifice*, Paris, Nourry, 1920, p. 439-440.

adorateurs se régalent des fins morceaux de la victime soi-disant donnée aux dieux.

Mais est-il bien vraisemblable qu'un simple motif utilitaire — le souci de ne pas laisser perdre de la viande — ait suffi pour amener les primitifs à consommer un aliment une fois donné à un dieu, donc frappé du tabou le plus redoutable ? Sans doute les prêtres peuvent manger sans péril des choses très saintes ; mais c'est qu'ils sont eux-mêmes personnes saintes, pénétrées d'effluves surnaturels ; de même les animaux sauvages, hôtes de l'enceinte sacrée. Mais pour que les fidèles, des profanes, absorbent la chair sainte, il faut qu'intervienne quelque motif religieux ou magique d'une valeur décisive (comme le désir de s'unir au dieu par une alliance ou par la commensalité).

Ce qui fait douter encore que l'idée de don soit l'idée première expliquant intégralement la genèse du sacrifice, c'est qu'elle suppose chez ceux qui la professent une conception des puissances surnaturelles que ne semblent pas avoir eue les peuples tout à fait incultes. Pour qu'elles soient sensibles à un don, il faut que ces puissances soient conçues nettement comme des personnes, ayant des sentiments semblables à ceux de l'homme, capables comme lui d'apprécier un hommage ou de peser les avantages d'un marché (1). Or, exception faite pour les esprits des morts, les puissances invisibles paraissent avoir été conçues longtemps comme des forces à peu près impersonnelles, sur lesquelles on agit principalement par la contrainte magique. L'animisme ne semble pas avoir été un stade absolument primitif, comme le croyait Tylor, mais avoir été précédé d'une période de dynamisme.

(1) D'après Renan (*Histoire du peuple d'Israël*, I, p. 52) l'idée de marché serait l'idée première du sacrifice, ce qui supposerait de plus la notion de propriété déjà établie dans les sociétés humaines.

De plus l'idée de don impliquerait que le sacrifice a toujours été regardé comme un simple moyen de persuasion ; les dieux sont libres de l'agréer ou de n'en pas tenir compte :

δῶρα θεοὺς πείθει, δῶρ' αἰδοίους βασιλῆας.

Or, il est clair (Sir James Frazer et M. Loisy notamment ont mis la chose en lumière avec beaucoup de force), il est clair que beaucoup de rites sacrificiels interprétés à l'époque historique comme de simples moyens de persuader les dieux, ont été antérieurement de véritables actes magiques produisant directement et infailliblement l'effet désiré : élimination d'un fléau, fécondation du sol ou des animaux, chute de pluie, marche régulière des astres, etc.

Il semble donc que l'idée de don, extrêmement ancienne dans le culte des morts, soit loin d'avoir eu un rôle prépondérant dans les relations des primitifs avec les puissances de la nature.

Le P. Lagrange soutient la même thèse que Tylor, mais avec une modification intéressante (1). Selon lui le sacrifice, sous sa forme première, aurait bien été une offrande, mais l'offrande d'une partie dans le but de pouvoir jouir librement du reste. « Le problème, écrit-il, n'est pas de consacrer un objet à l'Esprit, mais plutôt de désécrer tous les autres pour l'usage profane ; car pour l'homme qui voit partout des esprits, tout est plus ou moins tabou. Peut-être l'Esprit lâchera prise si on lui abandonne librement une part (2) ». De là l'offrande des prémices des céréales ; de là l'immolation des premiers-nés. De là, par une suite d'extensions et de transformations de l'idée première, toute la série des emplois divers du sacrifice.

(1) *Etudes sur les religions sémitiques*, Paris, Lecoffre, 2e édition, 1905, p. 247-274.

(2) P. 269.

Il paraît bien, en effet, que le désir de désécrer les plantes et les espèces animales qui formeront l'alimentation de la tribu, et de prémunir les hommes contre la vengeance ou la disparition de ces espèces animales et végétales, soit une des raisons orginelles des rites du sacrifice. Mais les non-civilisés paraissent compter pour cela moins sur la bienveillance des esprits, gagnés par un présent partiel, que sur une mesure d'une efficacité directe : ils mettent à part l'organe de l'animal qui passe pour contenir le principe de vie, la tête (chez les Aïnos), la vessie (au Kamtchatka), tel ou tel os, très souvent le sang, *afin que l'animal reprenne vie* et ne se trouve, en fin de compte, nullement lésé par le fait que les hommes auront mangé sa chair (1). Il y a là, au fond, une pratique magique, bien qu'une intention de propitiation, donc une idée religieuse, soit venue sans doute s'y ajouter de très bonne heure, comme le montrent, par exemple, les explications et consolations de toutes sortes que des peuples chasseurs très primitifs présentent à l'animal qu'ils ont tué, avant de le manger.

II

Le sacrifice, nous l'avons vu, a été très souvent conçu comme le *repas du dieu*. Cette idée est évidemment fort antique. Ne serait-ce pas la notion primordiale ? M. Smend, par exemple, la croit plus ancienne que celle de l'oblation (2).

Toutefois, si antique et si fondamentale que soit cette assimilation du sacrifice à un repas divin, je ne crois pas que ç'ait jamais été l'idée maîtresse du rite. Elle aurait, en effet, pour conséquence la nécessité d'apporter de la nourriture au sanc-

(1) Loisy, *Essai*, p. 205-207.
(2) *Lehrbuch der alttestamentlichen Religionsgeschichte*, 2e éd., p. 138, 139.

tuaire *régulièrement* et *fréquemment*. Or, à en juger par ce que nous savons de l'antiquité hébraïque, par exemple, ou de l'Arabie ancienne ou des bédouins modernes, les sacrifices étaient, au contraire, fort rares. Le bédouin d'aujourd'hui, comme l'ancien Arabe, ne sacrifie guère qu'un jour par an ; et dans l'ancien Israël, même après l'installation en Palestine, il fallait quelque circonstance exceptionnelle pour amener l'Hébreu à sacrifier en dehors des grandes fêtes — peut-être même de la grande fête de l'automne (1 Sam. 1, 7.21). La régularité de l'offrande — du moins avant la création des grands temples royaux — ne se rencontre que dans le rite tout à fait isolé des « pains de proposition ».

Qu'est-ce à dire, sinon que l'on n'a pas réfléchi que la divinité pût avoir *besoin* de recevoir des aliments ? On s'est dit seulement qu'elle *peut* se nourrir. On a admis cela par un anthropomorphisme tout spontané, de même qu'on se figurait Dieu marchant, ayant une maison, chef d'une tribu ou d'un peuple. L'idée du repas divin n'est dans le sacrifice qu'une idée subsidiaire, sur le développement de laquelle le culte des morts n'a sans doute pas été sans influence. Car il est de règle, chez quantité de peuples, d'apporter au défunt régulièrement sa nourriture au moins pendant les premiers jours qui suivent le décès ou de lui faire sa part dans le repas familial.

La transformation des sacrifices en un véritable service de bouche des dieux n'a pu se produire qu'après la constitution d'Etats centralisés comme les cités babyloniennes, grecques ou latines, les monarchies égyptienne, assyrienne ou israélite.

III

Un autre groupe d'historiens des religions considère que l'idée première du sacrifice est celle d'*expiation*, plus spécialement de *rachat*. Le contact du divin constitue pour l'homme un danger redoutable. Pour préserver sa vie menacée ainsi par les dieux ou les esprits, il faut qu'il offre une vie, que ces dieux ou esprits accepteront à la place de la sienne.

Cette conception de la signification originelle du sacrifice, autrefois prédominante, a été reprise récemment par M. CURTISS (1). C'est aussi, jusqu'à un certain point, celle de M. René DUSSAUD (2).

M. Curtiss s'appuie sur les interprétations qu'il a entendu donner par les Syriens et Palestiniens actuels des sacrifices qu'ils offrent à leurs saints ou à Allah. Les victimes qui sont immolées lorsqu'on bâtit une maison nouvelle, quand des mariés entrent pour la première fois dans leur demeure, ou encore lorsqu'on veut obtenir la guérison de son enfant ou de son bétail, sont appelées *fédou*, rachat (comp. l'hébreu *pâdâ*). Comme un cheikh l'expliquait au voyageur, « toute maison doit avoir son mort (tué par le génie du lieu, jaloux, et irrité contre les intrus) : que ce soit un homme, une femme, un enfant ou un animal (3). » En vertu du même principe, quand un homme perd son fils ou encore son cheval préféré, qu'il aime souvent plus que sa femme, on lui dit pour le consoler : « S'il n'était pas mort, Dieu aurait peut-être pris ta vie (4). » Quand on a un malade, « on prend un mouton, on le fait tourner autour du lit du malade en disant : O Seigneur, accepte ce *fédou* (ce rachat) à la place du malade ! » — Quand un meurtrier sollicite

(1) *Primitive Semitic Religion to day*, Londres, 1902. Traduction allemande, par Stocks, *Ursemitische Religion im Volksleben des heutigen Orients*, *Forschungen und Funde aus Syrien und Palästina*, Leipzig, Hinrichs, 1903. C'est d'après la traduction allemande, revue par l'auteur, que nous citons.

(2) *Les origines chananéennes du sacrifice israélite*, Paris, Leroux, 1921, p. 27.

(3) *Ursem. Rel.*, p. 257.

(4) *U. R.*, p. 256.

le pardon du vengeur, il immole une victime avec ces mots : « Accepte ce mouton à la place du meurtrier ! » (1).

Ces observations sont fort intéressantes. Mais il est bien douteux que le terme arabe moderne de *fédou* fournisse à lui seul la clé de l'origine de tous les sacrifices.

L'interprétation mise en relief par M. Curtiss n'est pas la seule qui ait cours dans l'Orient actuel. Un Arabe du pays de Moab expliquait, par exemple, au P. Jaussen que, quand un fléau ou un djinn menace une tribu, « le sacrifice se précipite contre le mal » qui est « battu et obligé de reculer » (2). Il n'y a pas là l'idée d'un arrangement avec le djnin, mais d'une puissance magique, quasi personnelle, attribuée au sang du sacrifice pour écarter de force le mauvais esprit.

L'explication proposée paraît, du reste, beaucoup trop étroite : elle ne convient qu'à quelques-uns des emplois du sacrifice, à ceux où ce rite intervient comme préservatif contre la mort : on peut expliquer ainsi les sacrifices expiatoires, les sacrifices de fondation, les offrandes de prémices et de premiers-nés, mais non pas — ou très artificiellement — les sacrifices d'actions de grâces, les sacrifices employés pour appuyer une prière, ceux qui accompagnaient une fête, les sacrifices d'alliance.

L'idée de mise à mort substitutive ne rend pas non plus un compte satisfaisant de *certains rites* du sacrifice, comme le partage du sang, dont on teint d'une part la porte du sanctuaire, de l'autre la personne ou la maison à protéger. Elle n'explique pas, surtout, que le sacrifice soit presque universellement l'occasion d'un repas mangé par les sacrifiants. D'après M. Curtisse (3) c'est là un élément adventice qui ne fait plus partie du

(1) *U. R.*, p. 258. Voyez d'autres exemples du même genre recueillis par le P. Jaussen, *Coutumes des Arabes au pays de Moab*, Paris, 1908, p. 357-363.

(2) Jaussen, *ouvr. cité*, p. 363. Cf. Loisy, *Essai*, p. 339.

(3) Et de même d'après le P. Lagrainge, *Etudes*, 2e éd., p. 272.

sacrifice proprement dit. Une fois la réconciliation opérée par le don de la victime, le saint (primitivement l'esprit ou le dieu), devenu possesseur de l'animal immolé, offre un festin au sacrifiant et à ses amis, de même qu'un noble bédouin tient à honneur de régaler ses visiteurs.

Cette façon d'expliquer la genèse des repas sacrificiels est assez invraisemblable. Il était de règle dans toute l'antiquité sémitique que le fidèle, lorsqu'il immolait un animal pour apaiser un dieu irrité, ne mangeât pas après cela de la chair de la victime. Il serait inconvenant, en effet, qu'il tirât un profit quelconque de son péché. La façon de raisonner attribuée par M. Curtiss aux Orientaux modernes n'est donc, en tout cas, pas antique. Le « sacrifice mangé » n'est certainement pas né de l'idée du rachat.

Ajoutons enfin que, même parmi les sacrifices préservatifs, il y en a beaucoup qui manifestement assurent la protection désirée par un mécanisme qui n'a rien à voir avec un rachat. Par exemple le sacrifice au dieu Rudra dans l'Inde védique. « Rudra est le maître des animaux, celui qui peut les détruire, eux et les hommes, par la peste ou la fièvre. Il est donc le dieu dangereux. Or, dieu du bétail, il existe dans le troupeau, en même temps qu'il l'entoure et le menace. Pour l'en écarter, on le concentre sur le plus beau des taureaux du troupeau. Ce taureau devient Rudra lui-même ; on l'élève, on le sacre comme tel, on lui rend hommage. Puis... on le sacrifie hors du village, à minuit, au milieu des bois. On ne peut rien ramener de la bête au village « parce que le dieu cherche à tuer les hommes »... De cette manière, Rudra est éliminé (1). » On le voit, on n'a pas ici essayé de conclure une transaction avec le dieu de la peste en lui faisant sa part : par un procédé radical, on

(1) Hubert et Mauss, *Essai sur la nature et la fonction du sacrifice*, p. 93-94.

a éliminé, expulsé et tué l'esprit même de la peste. Cette méthode magique est apparemment plus ancienne que la pratique religieuse du rachat et fournit sans doute l'explication première de la destruction rituelle des prémices.

IV

Nous avons rencontré une quatrième notion attachée aux rites sacrificiels à l'époque historique en Israël comme dans l'antiquité classique : *l'idée de communion.*

Pour elle aussi on a revendiqué la priorité. Cette thèse a été soutenue par Robertson Smith, dans ses *Leçons sur la Religion des Sémites*, avec une puissance d'argumentation, une abondance d'érudition, une virtuosité critique et une largeur de vues vraiment géniales (1). Il a fait école. Et pour tout un groupe de savants tels que MM. Jevons en Angleterre (2), Salomon Reinach en France, c'est un fait démontré que le sacrifice communiel est la racine première d'où sont sorties toutes les formes du culte sacrificiel dans le monde (3).

L'argumentation de Rob. Smith peut, me semble-t-il, se ramener à trois thèses principales.

1° Le sacrifice communiel est l'une des manifestations caractéristiques et des conséquences nécessaires du stade totémique,

(1) W. Robertson Smith, *Lectures on the Religion of the Semites, first series, the fundamental institutions*, Londres, Black, 1re éd. 1889 ; 2e 1894.

(2) F. B. Jevons, *An Introduction to the History of Religion*, Londres, Methuen, 1896.

(3) M. Salomon Reinach, par exemple, écrit : « La grande découverte du professeur Robertson Smith, qui enseigna de nos jours à Cambridge et y mourut jeune, en 1894, fut de montrer que le sacrifice de communion était plus ancien et plus primitif que le sacrifice-don, que c'était la forme la plus ancienne du sacrifice » (*La théorie du sacrifice*, dans *Cultes, Mythes et Religions*, t. I, Paris, Leroux, 1905, p. 103).

que les Sémites ont traversé, comme la généralité des peuples de l'univers. Dans les populations pratiquant le totémisme, chaque clan se considère comme apparenté à une espèce animale ou végétale particulière, dont il porte le nom et qui est son *totem*. Les hommes du clan de l'ours, par exemple, tiendront tous les ours pour des êtres de même sang, pour des alliés, et en général pour des parents d'une nature supérieure, doués d'une puissance surhumaine, pour des patrons et des protecteurs. Puisque l'animal totem est un parent, les hommes du clan qui portent son nom se garderont naturellement d'attenter à la vie de cet animal, de même qu'ils se garderaient de verser le sang d'un homme de leur groupe. A ce tabou il y a toutefois une exception : pour maintenir et cimenter son union avec l'espèce animale qui est son totem, le clan immole dans certaines circonstances l'un des individus de cette espèce et se nourrit de sa chair, mais en s'entourant de toutes sortes de précautions pour éviter les conséquences de cette violation du plus sacré des tabous, par exemple en demandant par avance pardon à la victime divine, du mal qu'on va lui faire.

Le sacrifice totémique c'est donc l'immolation d'un être à la fois animal, divin et humain (par sa parenté), ou, comme Rob. Smith s'exprime d'ordinaire, d'une victime théanthropique : c'est l'immolation d'un dieu à lui-même pour cimenter son union avec ses parents humains.

2ᵉ thèse. L'idée du sacrifice-don est plus récente que celle du sacrifice-communion; car le sacrifice-don est indissolublement associé à la vie agricole, laquelle est, dans la formation des peuples, un stade plus récent que la vie nomade. En effet, tandis que les immolations d'animaux, qui s'accomplissaient déjà dans la période nomade, exprimaient toutes anciennement l'idée de communion (les holocaustes sont plus récents), les offrandes de céréales, au contraire, sont toutes rangées dans la catégorie de la *minḥâ*, du tribut. Ainsi d'un côté : sacrifices d'animaux, qui remontent à la période nomade et qui primitivement exprimaient tous l'idée de communion ; — d'un autre côté : sacrifices-tributs qui tous ont pour contenu des céreales, qui sont donc des produits de la période agricole, c'est-à-dire d'un stade relativement récent.

3° thèse enfin. Tous les types de sacrifices sanglants dérivent en ligne directe du sacrifice communiel totémique. En particulier les sacrifices suivis de repas d'une part, et d'autre part les sacrifices expiatoires et l'holocauste sont sortis par différenciation de ce type primitif, comme deux rameaux d'un même tronc.

Tel est, dans ses grandes lignes, le système de Robertson Smith, la plus puissante et la plus heureuse des tentatives faites pour dériver les différents types de sacrifices d'une racine unique.

Sans discuter en détail cette théorie, disons simplement que ce n'est, à l'heure actuelle, qu'une hypothèse, et une hypothèse qui, sur certains points essentiels, ne paraît pas confirmée par les faits mis en lumière depuis son apparition.

En ce qui concerne la première thèse, il n'est nullement démontré que le totémisme ait été un phénomène universel (1). Il l'est encore moins qu'il existe un lien nécessaire entre totémisme et sacrifice communiel. Cette sorte de sacrifice est inconnue chez plusieurs des peuplades qui pratiquent aujourd'hui le totémisme. Et cela paraît assez logique. D'après l'analogie de ce qui se passe entre les humains, une alliance par le sang n'aurait pas besoin d'être *renouvelée*. Ceci n'indique-t-il pas que le sacrifice communiel ne dérive pas de la croyance à la parenté avec le totem, mais a ses racines propres ?

(1) Cf. Arnold van Gennep, *L'état actuel du problème totémique*, Paris, Leroux, 1920.

Passons à la seconde thèse, d'après laquelle l'idée du don n'aurait été attachée au sacrifice que chez les peuples parvenus au stade agraire. Cette assertion est excessive. L'idée du sacrifice-offrande s'est sans doute considérablement développée à cette époque, mais elle existait antérieurement. Les Arabes nomades faisaient don de la victime au dieu avant de la sacrifier (1). Ils donnaient des armes et des vêtements (2), et non pas seulement pour laisser au sanctuaire une partie d'eux-mêmes, ce qui pourrait être interprété comme un moyen de communion (3), mais pour vêtir l'objet divin : on met des vêtements au temple qu'est le Caaba (4). Les Arabes préislamiques donnaient de la farine en même temps que des cheveux à Oqaisir (5) ; ils versaient du lait sur les pierres saintes ; ils donnaient du froment et de l'orge à Al Khalaṣa (6); ils nourrissaient les colombes de la Mecque (7).

Enfin en ce qui concerne la troisième thèse, il y a certaines formes de sacrifices sanglants qu'il semble bien artificiel de prétendre dériver de la communion totémique théophagique. Un sacrifice éliminatoire comme celui du chameau que les Arabes promènent dans les différents quartiers du bourg en cas de peste, et qu'on va ensuite étrangler en un lieu sacré pour se défaire de la maladie (8), agit par son efficacité propre, en vertu d'idées très simples et très claires, sans qu'il y ait à faire intervenir aucune survivance incomprise du totémisme ou du sacrifice communiel.

(1) J. Wellhausen, *Reste arabischen Heidentums*, 2e éd., Berlin, Reimer, p. 123, 124.
(2) Wellhausen, *ouvr. cité*, p. 112.
(3) Rob. Smith, *Rel. Sem²*, p. 335-336.
(4) Wellhausen, *Reste²*, p. 73.
(5) Wellhausen, *Reste²*, p. 62-63.
(6) Azraqi, 78, 16, dans Wellhausen, *Reste²*, p. 48.
(7) Rob. Smith, *Rel. Sem²*, p. 252, note 3.
(8) Loisy, *Essai*, p. 313-314, d'après Frazer, *Scapegoat*, p. 33.

V

Dans les hypothèses que nous avons examinées jusqu'ici, on essayait d'expliquer les diverses sortes de sacrifice par la transformation, au cours des âges, d'un type primitif. MM. Henri Hubert et Marcel Mauss, directeurs à l'Ecole des Hautes Etudes, ont suivi des voies nouvelles dans leur important *Essai sur la nature et la fonction du sacrifice* (1).

Ils estiment qu'il convient de changer de méthode. Au lieu de réunir une multitude de données hétérogènes toujours fragmentaires, sur des époques mal connues ou des peuplades sauvages mal observées, ils s'attacheront à bien étudier des faits typiques, le sacrifice védique et le rituel lévitique. « Nous avons, disent-ils, dans la Bible et dans les textes hindous des corps de doctrines, qui appartiennent à une époque déterminée. Le document est direct, rédigé par les acteurs eux-mêmes, dans leur langue, dans l'esprit même où ils accomplissaient les rites, sinon avec une conscience toujours bien nette de l'origine et du motif de leurs actes... Comme ces deux religions... sont très différentes,... on peut espérer, en les comparant, arriver à des conclusions suffisamment générales (2). » De fait, la démonstration des deux auteurs est fondée presque exclusivement sur l'étude du rituel védique ; le témoignage des textes hébreux n'intervient que çà et là à titre d'appoint.

Appliquant cette méthode, MM. Hubert et Mauss posent en fait que les différents types de sacrifices étaient extrêmement voisins les uns des autres par leur rituel, que chacun d'eux,

(1) Paru d'abord dans l'*Année Sociologique* (II, 1897-1898), puis en ouvrage à part (Paris, Alcan, 1899), et réimprimé dans leurs *Mélanges d'histoire des religions*. Nous citons d'après l'édition de 1899.

(2) P. 34-35.

quel que fût le but principal du sacrifiant, mettait en mouvement plusieurs forces et visait plusieurs fins. Ainsi le sacrifice animal hindou comportait une distribution de parts aux démons, aux dieux, au sacrifiant, aux prêtres, des imprécations, des révélations de présages, des vœux ; il tenait du culte thériomorphique, du rite de consommation, du rachat. L'unité du système sacrificiel ne vient donc pas de ce que les diverses formes du sacrifice seraient nées d'une forme première, mais de ce que *toutes emploient un seul et même procédé.* « Ce procédé consiste à établir une communication entre le monde sacré et le monde profane par l'intermédiaire d'une victime, c'est-à-dire d'une chose consacrée, détruite au cours de la cérémonie (1) ».

Le profane cherche à entrer en relation avec le divin parce qu'« il y voit la source même de la vie ». Mais, si le sacrifiant « s'engageait à fond dans le rite, il y trouverait la mort et non la vie » ; car « les forces religieuses... ne peuvent se concentrer dans un objet profane sans le détruire... Voilà pourquoi il intercale entre elles et lui des intermédiaires, dont le principal est la victime. » En un sens la victime le rachète : elle succombe à sa place (2).

La victime est un être vivant (un animal ou plus rarement une plante, par exemple le soma) dans lequel on accumule des forces sacrées par une série de rites d'entrée (lustrations, onctions, parure, etc.). La victime devient ainsi tellement sainte que le sacrificateur lui-même hésite à mettre la main sur elle. Quant au sacrifiant il ne maintient le contact avec elle que par l'intermédiaire du prêtre, qui ne la touche lui-même qu'avec les pointes de la broche sacrée (*vapâ*) : « Ainsi il (l'animal) est comme touché et non touché (3). »

(1) P. 133.
(2) P. 134.
(3) P. 67.

Il reste à dégager l'esprit qui est dans la victime, « le principe divin qu'elle contient maintenant (1) » : on le fait par l'immolation. Cet esprit est trop sacré pour que les hommes puissent l'utiliser sans péril : on le laisse donc échapper vers le divin. « La victime devient dès lors abordable (2). » Et on peut en employer les restes, pénétrés encore de la religiosité accumulée par la consécration, mais d'une religiosité « abaissée déjà de quelques degrés (3) ». On attribue ces restes (sang, peau, chair), partie aux dieux, partie aux personnes ou aux choses profanes qui doivent profiter du sacrifice. Le but de ce partage est d'assurer la communication entre le monde sacré et le monde profane. La victime est l'intermédiaire par lequel le courant s'établit.

On pourrait dire que le divin est, selon MM. Hubert et Mauss, une énergie d'un voltage tel que le contact en serait mortel aux humains : on intercale donc dans le circuit une résistance, la victime, pour abaisser la tension et rendre le courant utilisable et bienfaisant. Seulement la victime y succombe, tel le plomb qui fond en cas de variations électriques trop brusques.

Il n'y a plus dès lors qu'à employer la force disponible, selon l'objet spécial que l'on poursuit. Et l'on aura soit le rituel du sacrifice de consécration — le courant passe alors du sacré vers le profane, — soit celui du sacrifice expiatoire, curatif, éliminatoire, bref du sacrifice de désacralisation — dans ce cas le courant qui traverse la victime va en sens inverse, du profane vers le sacré : il emporte et noie dans le divin l'impureté, la maladie, le péché ou le caractère sacré dont on veut se débarrasser —. S'il s'agit d'un sacrifice de fondation, l'esprit dégagé

(1) *Ibid.*
(2) P. 84.
(3) P. 85.

par la cérémonie deviendra le génie gardien de l'édifice. Dans le sacrifice-demande, cet esprit portera aux dieux la requête, en quelque sorte en croupe, il en deviendra l'esprit. Et ainsi de suite (1).

Le système proposé par MM. Hubert et Mauss constitue la synthèse majestueuse et fort bien liée d'un grand nombre des idées que l'antiquité attachait au sacrifice : le rite, tel qu'ils le présentent, est à la fois rachat, communion, nourriture des dieux (puisque l'esprit de la victime va enrichir, nourrir le divin et que les dieux reçoivent même leur part de sa chair). Ces idées apparaissent comme des aspects divers d'une même pensée centrale.

Mais ce système a-t-il réellement existé, soit conscient, soit inconscient, à l'état d'idée directrice, dans l'esprit de ceux qui ont *créé* les rites ? Un doute s'impose à l'esprit : ne serait-ce pas plutôt le fruit tardif de la réflexion savante de théologiens qui ont essayé de coordonner les antiques usages et d'en faire la synthèse ?

La méthode employée par MM. Hubert et Mauss n'est pas des plus rassurantes à cet égard. En partant des textes védiques on est certain de rencontrer sur son chemin une foule de spéculations construites par les plus subtils des théoriciens. On sait, en effet, que le sacrifice, spécialement le sacrifice du soma, le plus solennel de tous, formait l'objet central des méditations des brahmanes, celui sur lequel leurs écoles ont développé les théories mystiques les plus touffues.

Partir de là pour déterminer « la nature et la fonction *du sacrifice* », c'est à peu près comme si, pour fixer le sens de la Cène chrétienne primitive, on prenait pour guides les théoriciens sco-

(1) P. 105-106.

lastiques de la transsubstantiation, sous prétexte que leur système est bien connu, complet et cohérent, tandis que les données des Pères ou du Nouveau Testament sont fragmentaires.

Je n'ai pas la compétence voulue pour décider si les deux sociologues ont correctement interprété les textes védiques. En ce qui concerne « la Bible », comme ils disent (bien qu'ils ne parlent que du rituel lévitique), je croirais assez volontiers qu'Ezéchiel et certains prêtres légistes de l'époque de l'exil se sont fait du sacrifice une idée assez semblable à celle que décrivent MM. Hubert et Mauss. Mais ce n'est qu'une conjecture : les écrivains juifs ne donnent jamais même l'esquisse d'un système général d'interprétation du sacrifice ; on ne trouve chez eux que les éléments disjoints de la synthèse. La théorie de MM. Hubert et Mauss n'est donc pas tirée de « la Bible »; elle lui est appliquée du dehors par hypothèse. Le système ne pourrait, du reste, être adapté au rituel lévitique qu'avec des retouches et des simplifications assez sensibles. Ajoutons qu'il y a, dans le Code Sacerdotal même, des interprétations du sacrifice qui cadrent mal avec le systeme : l'acte est présenté souvent comme une offrande ou comme un repas divin. Enfin dans les textes israélites antérieurs à l'exil dominent des conceptions du sacrifice infiniment plus simples.

MM. Hubert et Mauss ont eu le mérite de mettre en relief *le côté magique* de l'acte sacré, ce qu'on n'avait guère fait avant eux. L'idée que les dieux puissent agréer ou refuser le sacrifice n'intervient à aucun degré dans leur construction. C'est un acte proprement magique, qui agit par sa vertu propre, *ex opere operato*. Et il est caractéristique que l'interprétation du sacrifice comme un don à un être libre, que cette interprétation *religieuse* qui prédomine dans toute l'antiquité israélite et classique n'entre pas dans leur synthèse. Ils n'y voient, semble-t-il, qu'une

« conception populaire (1) », une explication donnée après coup par le vulgaire de rites ayant eu primitivement un autre sens. Et la thèse est très défendable.

Mais si l'on est disposé à admettre que le sacrifice est essentiellement magique, on croira plus difficilement qu'il ait eu pour fond, à des époques et dans des milieux tout à fait incultes, la magie savante, abstraite, sublimée que MM. Hubert et Mauss tirent de la théologie védique. Les primitifs paraissent avoir été amenés à tuer rituellement des animaux pour des raisons relevant de la magie, sans doute, mais pour des raisons à la fois très simples et très variées : tantôt pour donner de la force aux puissances invisibles en leur envoyant du sang, tantôt pour manger avec les esprits ou les dieux ou pour faire alliance avec eux, tantôt, au contraire, pour tuer l'esprit, etc... Et c'est plus tard, semble-t-il, que ces rites, d'inspiration d'abord très diverse, ont été rapprochés à cause de leur ressemblance extérieure, de plus en plus uniformisés et enfin ramenés quelquefois par les théologiens à un principe unique et par les liturges à un rituel à peu près identique. Le type du sacrifice unique, propre, sauf quelques modifications, à tous les emplois, ne semble pas appartenir aux origines, mais au terme de l'évolution. L'uniformisation est déjà grande dans la Grèce classique ; elle l'est davantage à Rome, dans le judaïsme du second Temple, dans l'Inde védique. Elle est complète dans le catholicisme, où le sacrifice de la messe peut servir à toutes fins, aux mariages et aux enterrements, pour assurer le repos aux morts, le pardon aux vivants et la prospérité aux Etats. C'est là seulement qu'on trouve cette « ambiguïté fonctionnelle », cette « indétermination » que Durkheim croyait essentielle au sacrifice (2).

(1) P. 30.

(2) Durkheim, *Les formes élémentaires de la vie religieuse*, 1912, p. 551.

Cette conception de l'évolution du sacrifice qui place l'unité au terme et admet aux origines une grande diversité est une des vues les plus neuves et, à mon sens, les plus fécondes de M. Loisy, le dernier théoricien du sacrifice dont nous ayons à parler.

VI

Après avoir consacré pendant plusieurs années ses cours du Collège de France à l'étude du sacrifice, M. Loisy a réuni ses conclusions dans un *Essai historique sur le sacrifice* paru en 1920 (1).

M. Loisy revient à la méthode de Tylor, qui semble la seule normale pour résoudre le problème. Il entend tenir compte de *l'ensemble des faits* observés ou attestés chez tous les peuples, et à toutes les époques, et non pas uniquement de ce que l'on constate dans une ou deux religions choisies arbitrairement. Seulement il groupe les faits *selon le degré de développement où est parvenu le peuple considéré*, et non pas selon la place qui revient au rite allégué dans un schéma hypothétique de l'évolution du sacrifice. A propos de chaque catégorie de sacrifices ou de chaque caractère de l'acte sacré, M. Loisy étudie successivement les peuples incultes, puis les demi civilisés, les civilisés ayant eu des religions nationales, enfin les religions universelles ou, comme il s'exprime de préférence, les économies de salut.

Il est amené ainsi à constater que les peuples tout à fait incultes — par exemple les indigènes de l'Australie — n'ont pas de sacrifices. Ce qui chez eux rappelle les pratiques sacrificielles et semble en être un rudiment, ce sont d'une part des dons alimentaires aux morts, et d'autre part certaines de leurs

(1) Paris, Nourry, 8°, 552 pages.

cérémonies magiques comportant effusion de sang, mise à mort ou consommation d'un être vivant. Ces cérémonies sont des recettes pour s'assurer bonne pêche ou bonne chasse, pour amener la pluie ou le vent, faire lever le soleil, rendre les plantes fécondes. Le mécanisme en est, du reste, fort varié. Chez les Arunta, par exemple, on verse du sang humain sur la place totémique qui renferme d'invisibles kangourous, afin de les vivifier par ce simulacre d'abreuvement (1). Chez les Anula, on plonge un serpent dans l'eau, puis on le tue, afin que cet esprit de l'eau aille au ciel cracher la pluie (2).

M. Loisy en conclut que « le sacrifice n'apparaît qu'à un certain degré de l'évolution religieuse.... Par son fond il tient des opérations magiques, telles que sont les opérations totémiques des Arunta... ; et d'autre part il tient aussi du don alimentaire qui s'est pratiqué un peu partout dans le culte des morts (3) . »

« Les religions des demi-civilisés et des civilisés nous montrent les deux éléments associés dans les sacrifices dès lors interprétés en service religieux de divinités personnelles (4), » soit que certains morts aient été investis de pouvoirs divins, soit qu'on ait cru « pouvoir entretenir l'existence et la force, aussi la bienveillance » des puissances personnifiées de la nature « par le moyen des oblations qui étaient censées nécessaires et agréables aux morts (5) ». Ainsi se forme la notion vulgaire du sacrifice conçu comme une oblation, spécialement une oblation alimentaire.

Au cours de l'évolution ultérieure des religions, l'effet attendu

(1) P. 62.
(2) P. 63.
(3) P. 11.
(4) *Ibid.*
(5) P. 419.

du sacrifice — et de la religion en général — se modifie et s'affine, se spiritualisant de plus en plus : dans les religions nationales il ne s'agit plus tant de promouvoir ou de seconder le travail de la nature que de procurer la prospérité de la cité; dans les économies de salut, d'assurer l'immortalité et la régénération morale de l'individu, voire la rénovation de la société. Mais, à travers ses transformations successives, le sacrifice se ressent toujours de ses origines magiques. C'est même là ce qui semble, aux yeux de M. Loisy, constituer la seule unité réelle de l'institution : le sacrifice est et reste toujours une *action sacrée*, « l'action par excellence... mystiquement efficace (1) » ; cette action conserve même toujours la forme d'une *figuration*, d'un simulacre, en vertu d'un symbolisme spontané qui repose au fond sur le principe de la magie sympathique et imitative (2).

VII

On peut faire des réserves sur certains points de la démonstration de M. Loisy. Il nous paraît un peu artificiel de prétendre trouver dans tous les sacrifices le caractère d'une figuration, d'un simulacre, d'une imitation. Telle est peut-être l'impression d'un moderne, parce qu'il estime que ces immolations n'ont jamais produit l'effet qu'on en attendait. Mais tel n'était certainement par le sentiment de l'homme antique : à l'époque des sacrifices alimentaires, il était persuadé que les dieux ou les morts absorbaient réellement l'esprit des victimes qu'il leur apportait. Il ne pensait nullement accomplir là un acte de magie *imitative*.

Nous ne croyons pas, comme semble parfois l'indiquer M.

(1) P. 19.
(2) P. 59.

Loisy, que les sacrifices expiatoires se ramènent tous aux rites de transmission, où le mal est communiqué à un animal qui est ensuite chassé ou immolé.

D'autre part l'auteur de l'*Essai* a peut-être un peu restreint la place à faire à l'idée de la communion, par réaction contre l'école de Robertson Smith qui lui a attribué un rôle démesuré.

Mais ces réserves ne portent que sur des détails. La thèse fondamentale de M. Loisy nous paraît s'imposer avec la force de l'évidence, à savoir que les différentes catégories de sacrifices qu'on peut distinguer à l'époque de l'antiquité classique ou des grandes civilisations de l'Orient ont eu pour point de départ des rites magiques variés, encore facilement reconnaissables.

Aux exemples que nous avons déjà allégués en passant, au cours de cet exposé, ajoutons en quelques autres :

« Le rituel brahmanique indique comme rite de pluie le sacrifice d'un cheval noir... Avant que l'animal soit immolé, le sacrifiant doit le frotter avec une étoffe noire, jusqu'à ce qu'il hennisse, ou s'ébroue, ou bien qu'il lâche son urine ou ses excréments : l'un ou l'autre de ces incidents est signe de pluie (1). » L'immolation de victimes noires est de règle encore aujourd'hui chez quantité de non-civilisés dans les rites de pluie, comme celle de victimes blanches pour obtenir le beau temps (2). Nous sommes en pleine magie imitative : l'animal noir figure la nuée sombre ; il est la nuée sombre. Le but du rite est de l'amener à répandre les ondées bienfaisantes, la puissance de vie qui est en lui. L'acte a pu ensuite être interprété comme une oblation faite à un dieu pour l'engager à accorder la pluie. Primitivement il était destiné à agir directement sur la pluie elle-même par le pouvoir qu'on attribuait aux semblables de s'attirer.

(1) Loisy, *Essai*, p. 215, d'après Hillebrandt, *Ritual-Lit.*, p. 120.
(2) Loisy, *ibid.*

A Rome on célébrait au printemps la fête des *Fordicidia*, où l'on éventrait une vache pleine. Ovide explique que cette vache était offerte à Tellus, la déesse de la terre : « à la Terre pleine on donne une victime pleine » (*Fastes*, IV, 634)

Telluri plenæ victima plena datur.

En réalité l'animal représente la terre, il est la terre ; et les hommes, par ce rite, prétendaient l'accoucher de ses produits (1).

Les religions de mystères qu'a si bien décrites mon savant collègue et ami M. Guignebert, ont été à coup sûr ce que le monde gréco-romain a produit de plus élevé dans le domaine religieux : elles s'efforçaient de répondre au besoin de salut qui tourmentait les âmes, à leur désir d'immortalité, jusqu'à un certain point à leurs aspirations vers une régénération morale ; elles réalisaient l'égalité entre tous les initiés sans distinction de race, de classe, de sexe ; elles ont fourni le moule où a été jeté de très bonne heure le christianisme naissant. Or, ces religions de mystères sont nées, on vous l'a dit, de cultes agraires. Et ceux-ci ont pour centre un ensemble de cérémonies proprement magiques qui figurait en une sorte de « drame liturgique » et qui primitivement facilitait ou produisait effectivement, pensait-on, les phases successives de la destinée des plantes nourricières. Le grain est tué (c'est la moisson) ; il est enterré (ce sont les semailles) ; il ressuscite ensuite (c'est la nouvelle récolte). L'homme au stade magique est persuadé que ces transformations ne s'accompliraient pas ou s'accompliraient mal s'il ne les aidait pas ou ne les provoquait pas par des rites de magie imitative. C'est en vertu du même principe qu'il travaille à assurer

(1) Loisy, *Essai*, p. 22, 28.

le lever du soleil, le changement des saisons, la fécondation des animaux.

Un exemple bien connu et tout à fait typique de ces cérémonies agraires est celui des *Dipolia* ou *Bouphonia*, à Athènes. Au mois de juin, on disposait sur l'autel de Zeus Polieus des gâteaux, du froment et de l'orge provenant apparemment de la récolte nouvelle. Des bœufs étaient amenés près de cet autel. Le premier d'entre eux qui s'approchait pour goûter aux prémices était abattu d'un coup de hache par un prêtre, qui s'enfuyait aussitôt en jetant son arme. Les assistants faisaient semblant de poursuivre le prêtre ; le cas était même porté devant le tribunal du Prytanée, qui finalement, faute d'autre coupable, condamnait la hache meurtrière à être jetée hors du territoire d'Athènes. La chair du bœuf était alors partagée entre les assistants. Puis la peau était remplie de paille et la bête ainsi ressuscitée était attelée à une charrue avec laquelle on feignait de labourer.

Le sens du drame liturgique est clair. Le bœuf qui a goûté le premier aux grains nouveaux est pénétré de l'esprit de la récolte ; il l'incarne ; il est cet esprit. Aussi est-ce un sacrilège que de le tuer ; de là le procès fait au prêtre, puis à la hache. Mais c'est un sacrilège nécessaire, afin que le peuple puisse se nourrir sans danger de la moisson nouvelle. D'autre part, après que l'esprit du grain a été ainsi éliminé de la récolte de l'année, on le fait ressusciter (en empaillant la bête) ; et, grâce au simulacre de labour, il rentre dans la terre, où il produira les moissons futures.

Le sacrifice était, on le sait, très souvent employé pour la divination. A Rome, on ne manquait pas de consulter les entrailles des victimes. On enseignait que la divinité mettait dans les viscères de l'animal des présages, des signes de ses volontés à l'intention des fidèles. Mais l'idée première était beaucoup plus simple et plus logique : l'animal étant tenu pour supérieur à l'homme en connaissance, et spécialement en prescience de l'avenir, on le tuait pour examiner l'organe regardé comme le siège de sa pensée. On ne pouvait manquer d'y découvrir ce qu'il savait. Le principal de ces organes, pour les Babyloniens comme pour les Hébreux, c'était le foie : on parlait d'apaiser le foie des dieux, comme nous parlerions de calmer leur cœur. L'interprétation des particularités du foie finit par constituer une sorte de science précise et complexe, que nous connaissons fort bien grâce à des textes cunéiformes et à des modèles de foie en bronze et en terre cuite qu'on a retrouvés en Babylonie, chez les Hittites et en Italie. Nous voyons comment elle passa des Babyloniens, par l'intermédiaire des Hittites, aux Grecs d'une part, aux Etrusques et aux Romains de l'autre (1).

A l'origine, les dieux ne devaient intervenir aucunement dans ces consultations. Les immolations divinatoires, encore chez les Grecs, étaient nettement distinctes des sacrifices ordinaires : elles n'étaient pas accomplies par des prêtres, mais par des devins ; elles n'étaient pas faites sur un autel et n'étaient pas accompagnées de libations ; les morceaux n'en étaient pas mangés, mais brûlés ou abandonnés (2). L'immolation de l'animal servait ici simplement à permettre de lire dans son âme.

Si nous avions le loisir d'examiner les sacrifices d'alliance, ceux qui accompagnaient les serments ou les initiations, nous verrions que ces immolations avaient à l'origine un mécanisme encore différent, mais relevant aussi de la magie.

(1) Sur l'hépatoscopie voy. notamment Morris Jastrow jr., *Die Religion Babyloniens und Assyriens*, Giessen, Töpelmann, 1912, II, p. 213-415 ; *Aspects of Religious Belief and Practice in Babylonia and Assyria*, New-York-Londres, Putnam, 1911, p. 147-201.

(2) Loisy, *Essai*, p. 273-274.

Quelques mots seulement encore sur les pratiques qu'on peut réunir sous le nom de sacrifices d'élimination, qu'elles servent à écarter la maladie, la souillure ou le péché. Fort souvent, nous l'avons vu, le procédé consistait à transmettre par contact l'élément à éliminer à un être vivant, homme ou animal, puis à chasser cet être ou à le tuer : qu'on se rappelle le sacrifice de Rudra, l'immolation du chameau chez les Arabes, l'expulsion du bouc émissaire dans la Loi juive.

Remarquons seulement, parce qu'on paraît quelquefois l'oublier, que tous les sacrifices expiatoires ne se laissent pas ramener à ce prototype unique. A côté de la transmission on a utilisé d'autres méthodes qui ne sont, du reste, pas moins magiques en leur principe. Les sacrifices expiatoires du rituel lévitique, par exemple, semblent avoir eu pour but de consacrer derechef, de pénétrer d'un renouveau de vertu les objets sacrés, autel, voile du Temple, souillés, profanés par les péchés ou les fautes rituelles du peuple. Pour cela, on les asperge du sang de la victime. L'immolation a pour objet unique de fournir le sang nécessaire pour revivifier les objets sacrés. C'est une idée tout à fait primitive. Les Arunta d'Australie frottent de sang — ou d'ocre rouge, succédané du sang — leur *tchurunga* pour lui conférer ou lui rendre son efficacité (1). Le sang, c'est la vie : donner du sang, c'est donner de la vie.

La différence entre les deux procédés saute aux yeux quand on les trouve juxtaposés comme dans le rituel de la fête juive des Expiations. Deux boucs sont amenés. L'un est chargé par contact des péchés d'Israël ; celui-là est chassé au désert et envoyé à Azazel. Et c'est l'autre — celui qui n'est pas chargé du péché du peuple — qui est immolé en sacrifice expiatoire :

(1) Strehlow, *Die Aranda und Loritja Staemme in Zentral-Australien*, Francfort-sur-Mein, 1910, I, p. 10-11.

son sang sert à consacrer le plus saint des objets sacrés : l'arche.

*
**

Nous sommes au terme. Et nul ne sent mieux que moi les lacunes de cet aperçu. Nous n'avons guère parlé que des origines du sacrifice ; nous en avons à peine esquissé l'histoire.

Nous avons insisté sur les très humbles commencements de cette institution, sur les idées enfantines, grossières, manifestement erronées qui lui ont donné naissance. Plus tard on a attaché aux vieux rites des interprétations plus satisfaisantes pour la raison, pour le sentiment religieux, pour le sens moral. On en a fait le point de départ de spéculations de plus en plus hautes, hardies, parfois profondes. Les boucheries affreuses qui, lors d'une hécatombe royale, inondaient de sang les grands sanctuaires et les remplissaient de l'odeur des graisses brûlées, les horribles tragédies des sacrifices humains furent remplacées de plus en plus par des immolations symboliques et des repas mystiques. L'humanité idéalisait ces pratiques dont elle ne voulait pas se déprendre, non seulement à cause du prestige sacré dont elles étaient environnées depuis tant de siècles, mais parce qu'elles avaient réellement été, en même temps qu'une source de réconfort et d'espérance, une école d'abnégation, de solidarité, de dévouement à la patrie représentée par les dieux de la cité. Que l'on songe aux trésors d'héroïsme qui ont été dépensés à l'occasion des plus répugnants de ces rites, les immolations humaines. Euripide met dans la bouche d'Iphigénie ces mots sublimes : « Je donne ma vie à la Grèce... Laisse-moi sauver la Grèce, si je puis ». Et plus d'une victime des meurtres rituels a dû penser effectivement ainsi. Rappelez-vous, du reste, que pour désigner les sommets les plus élevés de la vie morale, nous employons encore aujourd'hui des termes empruntés au vocabulaire des immolations rituelles : ceux de sacrifice et de dévouement.

Si nous avions à faire une histoire du sacrifice, nous aurions, d'autre part, à signaler l'opposition qui se forma de bonne heure contre la célébration de ces rites : opposition de philosophes ou de railleurs, opposition aussi des esprits les plus authentiquement religieux. Les prophètes d'Israël, depuis le VIIIe siècle, n'ont pas seulement déprécié la valeur et l'efficacité des sacrifices, ils en ont, j'en suis convaincu, combattu le principe même. « Je veux la piété et non les sacrifices », déclare le Dieu d'Osée (6,6). Et le même prophète affirme qu'Israël ne vivra sans infidélité à Yahvé que le jour où il sera sans sacrifices comme sans stèles, sans éphod et sans teraphim (3,4). Ces fanatiques de justice ont senti d'instinct que le sacrifice est au fond une tentative pour exercer une contrainte sur la divinité, une sorte d'acte magique.

Ces deux attitudes à l'égard du sacrifice se retrouvent à l'heure actuelle dans la pensée religieuse. Les uns lui gardent une place en s'efforçant de l'idéaliser (dogme catholique, protestantisme orthodoxe). Les autres, estimant que l'idée du sacrifice est inséparable des notions inférieures qui lui ont donné naissance, pensent qu'il faut l'éliminer définitivement de la pensée religieuse de l'avenir.

Laquelle de ces deux attitudes est la meilleure ? Laquelle prévaudra ? Ce sont là des questions que je n'ai pas à examiner : elles sortent de mon domaine, qui est celui de l'histoire. J'ai voulu simplement donner une base à vos discussions en vous exposant l'état actuel des recherches historiques sur la question.

ADOLPHE LODS.

Les Livres saints

par

CHARLES GUIGNEBERT

Mesdames, Messieurs,

Je me propose de vous présenter, très simplement et très modestement, quelques observations sur les Livres saints, sur les livres qui sont vénérés dans beaucoup de religions, qui sont reconnus par elles comme leur fondement, comme leur garantie, comme leur justification. Dès qu'une religion vit chez un peuple qui sait écrire, elle a, naturellement, ses Écritures sacrées : elle couche par écrit ce que j'appellerai irrévérencieusement ses recettes, ses recettes divines, ses recettes jugées profitables, qui sont des formules magiques, des formules d'adjuration ou d'incantation, des prières, des prescriptions rituelles, — tout cela se ressemble un peu ; puis, d'autre part, des recueils d'oracles, des recueils de prophéties, des enseignements et aussi des renseignements pratiques rapportés aux puissances supérieures, et enfin, des histoires de dieux, la matière même de toute mythologie.

Autrement dit, à partir du moment où l'Ecriture est devenue un procédé courant de fixation des idées et des choses, le Livre remplace les grands poèmes didactiques que, d'abord, l'on confiait à la mémoire et qui enfermaient précisément tout ce que je viens de dire. Les plus vieux livres chinois, ou encore les vieux Livres du *Shinto*, les formulaires variés de la religion égyptienne, tels que le recueil que vous connaissez bien et qui se nomme le *Livre des Morts*, ou encore les formules rituelles et magiques des religions du monde gréco-romain, voilà une série d'exemples de ces Écritures sacrées qui accompagnent un grand nombre de religions.

Ces écrits, parce qu'ils traitent de matières religieuses, participent naturellement du caractère sacré de la religion, mais, en théorie, *ils décrivent la religion et ils ne la fondent pas*. Ils sont considérés comme des manifestations de la religion, et comme des auxiliaires de son culte, mais non pas comme les éléments constitutifs, comme les piliers mêmes de cette religion. Ce ne sont donc pas, à proprement parler, des *Livres saints*, et ce n'est pas de ces *Ecritures*-là que je vais vous entretenir.

Le Livre saint, c'est le phénomène caractéristique des religions révélées. Le Livre saint, c'est, si vous voulez, la révélation visible et lisible. Il justifie sa propre existence et il authentique l'autorité qu'il revendique en prétendant à une origine réellement surhumaine. Il peut contenir des formules tout humaines; il peut même, comme je vais essayer de vous le montrer, être sorti d'un cerveau humain, par l'intermédiaire d'une main d'homme; son origine n'en est pas moins placée au-dessus de la nature, de la capacité humaine et il se donne, d'ordinaire, comme l'expression *ne varietur* de l'enseignement divin. Il va même, et c'est le point extrême auquel sa prétention puisse toucher, jusqu'à se confondre avec la Vérité absolue, avec la Vérité totale et invariable.

Si l'on veut bien considérer que la Religion est un aspect de la vie humaine et que cet aspect dépend des autres comme les autres de lui, qu'elle n'est, par conséquent, qu'une des composantes d'un certain état de civilisation, et que par nature, donc, comme tous les éléments constitutifs de la civilisation et comme la civilisation elle-même dans son ensemble, cet élément-là est changement, de même que la vie elle-même est changement ; si l'on accepte, d'autre part, qu'une religion positive est, dans ses formes au moins, une œuvre d'hommes, dont la durée dépend de ses facultés d'adaptation, de sa souplesse, on comprendra que la prétention du Livre à *organiser l'immobilité* n'est peut-être pas très raisonnable et que, si elle doit réussir à s'imposer, elle n'est pas non plus très prudente.

Le sujet, comme bien vous le pensez, est immense et je n'ai pas la prétention de le traiter tout entier, mais je vais attirer votre attention, au cours de cette causerie, sur les questions que voici :

1° Nous allons, si vous voulez bien, d'abord considérer le Livre saint en lui-même, et, pour ainsi dire, de *son point de vue*. Nous allons même nous placer au point de vue de ses prétentions, et nous demander comment les religions révélées se représentent l'origine et, pas seulement l'origine, la communication aux hommes de leurs Livres saints. — Puis, nous nous demanderons quels sont ordinairement les caractères du contenu du Livre saint ; ce qu'il y a dans ces Livres saints, et enfin, comment se justifie leur prétention à exprimer la révélation.

2° Ensuite, quittant le point de vue du Livre saint à proprement parler, *nous prendrons le point de vue critique* et nous essayerons de voir du dehors quelles sont les caractéristiques véritables — non plus alors les caractéristiques prétendues — du Livre saint considéré dans son origine et dans sa transmission. En second lieu, nous essayerons de voir à quelles constatations générales donne lieu l'examen de sa composition.

3° Enfin, nous le considérerons *du point de vue de la religion qui l'a engendré*, nous demandant comment cette religion arrive à concilier l'immobilité du Livre avec la nécessité de la vie ; si vous préférez : comment la religion peut faire pour s'appuyer sur un Livre qui, par définition, ne change pas, exprime une vérité *ne varietur*, et en même temps pour vivre, puisque la vie c'est le changement et que l'immobilité c'est la mort, pour une religion comme pour tout dans le monde. — En dernier lieu, nous essayerons de voir au total quels avantages et quels dommages la religion peut attendre du Livre saint.

Ainsi, nous n'aurons pas vu, certainement, tous les aspects de la question, mais nous aurons considéré les plus intéressants d'entre eux et nous pourrons nous faire une idée d'ensemble du problème.

I

Considérons donc le Livre en lui-même et de son point de vue.

1° Le Livre saint, c'est la révélation mise par écrit. Le postulat indispensable, inévitable, de toute religion du Livre, c'est que le Livre découle de la source même de la révélation, qu'il a pour auteur véritable le principe de cette révélation, disons, si vous voulez, *Dieu*, pour simplifier. Le Livre ne peut pas avoir d'autorité, de même il n'a d'existence concevable que s'il est bien entendu qu'il remonte dans son origine et dans sa source, qu'il remonte *directement*, au principe même, à Dieu.

Seulement, étant donné que ce point de départ ne peut pas ne pas être posé, on n'a pas fait grand chose quand on a dit ce que je viens de dire. Il faut expliquer comment la révélation qui est en Dieu peut s'exprimer sous une forme accessible à l'homme et descendre de Dieu à l'homme, autrement dit, comme l'essence même, la matière plutôt, du Livre sacré, vient de Dieu à l'homme, comment le Livre se transmet à l'homme.

Ah ! Le plus simple, Mesdames et Messieurs, serait évidemment d'imaginer que le Livre est écrit par Dieu lui-même, directement, et qu'il tombe du ciel. Il n'y a plus qu'à l'ouvrir et à le lire. Ce serait certainement le procédé le plus sûr parce qu'il supprimerait le danger des intermédiaires, danger qui est double : il y a la mauvaise foi, puis il y a l'inintelligence des intermédiaires. Les intermédiaires peuvent ajouter à ce que Dieu leur a dit; puis aussi, ils peuvent ne pas avoir très bien compris ce que Dieu leur a dit. On suppose que Dieu s'arrange pour les éclairer de telle sorte qu'ils comprennent, mais, enfin, l'expérience nous prouve qu'à cette hypothèse-là, il y a quelques réserves à faire. Par conséquent, il serait beaucoup plus simple que le Livre descendît du ciel, tout écrit par la main de Dieu ; il y aurait là pour les fidèles plus de sécurité, et pour le Livre plus d'autorité. Malheureusement, pour imaginer que le Livre puisse être ainsi transmis du ciel à la terre, il faut partir d'une foi très robuste et un peu simple, une foi qu'il est difficile de demander longtemps aux hommes qui ont réfléchi, parce qu'elle suppose un anthropomorphisme intrépide.

Si vous voulez bien vous reporter à *l'Exode* 31, 18, vous y lirez ceci :

Et il donna à Moïse, après qu'il eût cessé de lui parler sur la montagne du Sinaï, les deux tables du témoignage écrites du doigt de Dieu.

Voilà bien la loi écrite par Dieu. Seulement les Tables n'étaient pas très longues; ce n'était qu'un tout petit document. Il est beaucoup plus facile d'imaginer, ou plutôt de faire imaginer, que Dieu a, de son doigt, tracé les règles du Sabbat sur les deux Tables du témoignage que d'imaginer qu'il a écrit, par exemple, les cinq livres de la Thora d'un bout à l'autre. Autrement dit, prendre en rigueur ces écritures et ce doigt de Dieu n'est pas longtemps possible. Il faut évidemment édulcorer cet anthropomorphisme par l'interprétation, ou imaginer le Livre tombé du ciel, toutes réserves faites sur la façon dont il a été écrit, en ne s'expliquant pas sur le scribe divin qui l'a rédigé.

Au fond, il n'est pas beaucoup plus difficile de croire à l'existence d'un livre tombé du ciel que de croire à une image de Jésus-Christ « acheïropoiète », une image qui n'a *pas été faite de main d'homme*. Vous savez qu'on a cru vraiment, et que l'on croit peut-être même encore, dans certains milieux, à l'existence d'images « acheïropoiètes », qui sont venues du ciel, réellement produites par une opération miraculeuse. Il n'est certes pas plus difficile d'imaginer cela d'un livre que de l'imaginer d'un tableau, et c'est un procédé qui a été quelquefois employé pour authentiquer un écrit divin; mais jamais, à ma connaissance, pour des ouvrages très longs ou très compliqués. Il a circulé, par exemple, dans les grandes crises du Moyen âge, des lettres de Jésus-Christ tombées du ciel ou de petits documents du même genre.

Il y a une autre manière de se représenter la transmission du Livre : c'est d'imaginer qu'il a été écrit au ciel et qu'il a été communiqué à un intermédiaire jugé apte à le transmettre littéralement. Ainsi en est-il, par exemple, du *Coran*. Le *Coran* est, pour les orthodoxes musulmans, un livre éternel. Il est écrit depuis l'éternité « sur une table bien gardée », de façon qu'on soit bien sûr que cet écrit n'a jamais pu être altéré. L'ange Gabriel et Mahomet ne sont donc que des véhicules du *Coran*. L'ange a communiqué à Mahomet le contenu de ce qu'il a lu sur la table. Pas autre chose. C'est encore très simple. Seulement déjà, nous faisons intervenir, et nous sommes obligés de faire intervenir, une question de foi, et de bonne foi. Je ne me permettrai pas de soupçonner que l'ange Gabriel n'a pas dit la vérité à Mahomet, mais il faut qu'il soit admis que Mahomet a bien compris et a répété exactement ce que l'ange lui a dit. A partir du moment où nous posons cette question, nous introduisons une difficulté, et une difficulté qui ne va faire que croître à mesure que se compliqueront les systèmes de communication divine possibles.

Voyez, par exemple, le cas des *Védas*. Les *Védas* constituent le Livre saint de la plus ancienne religion de l'Inde. Les *Védas* nous mettent en face d'un mode beaucoup plus courant de communication que ceux dont je viens de parler : c'est *la révélation par inspiration*. Un écrivain s'assied devant sa table, il prend la plume, il prend le papier, et puis il écrit, il écrit... Il croit que c'est lui-même, ou il ne le croit pas, cela dépend. Il croit, si vous voulez, que c'est lui-même qui compose ; en réalité, sa main n'est qu'un outil que l'Esprit divin dirige à son gré.

Les *Védas* constituent un recueil très étendu et de contenu très varié. Ce recueil est même canoniquement divisé en quatre *samhitâs*, c'est-à-dire en quatre sections. Vous connaissez bien l'une de ces sections ; c'est la partie la plus connue des *Védas*, c'est le *Rig-Véda*. Le *Rig-Véda* est la plus connue de ces parties parce que c'est dans le *Rig-Véda* que se trouvent les éléments proprement religieux de l'ensemble des *Védas*. Dans cet ensemble se juxtaposent des chants sacrés, des prescriptions rituelles et magiques, des considérations théologiques ou philosophiques. Or, en orthodoxie védique, l'inspiration du tout passe pour tellement stricte, qu'on peut dire et qu'on dit, que les *Védas ne sont pas écrits de main d'homme*. Mais vous voyez que, déjà, nous ne sommes plus en présence que d'une manière de parler, en présence que d'une figure, puisque, en fait, ce sont des mains d'hommes qui ont tenu le calame. On veut dire simplement qu'ils n'ont fait qu'un acte mécanique, qu'en réalité l'inspiration les conduisait. C'est ce moyen d'inspiration, plus ou moins développé, plus ou moins précis, qui entre en jeu dans la transmission de la plupart des Livres saints.

Le mot *Avesta* par exemple, qui désigne le Livre saint de la religion des Perses, veut dire *révélation*. La révélation avestique a été reçue et communiquée par Zarathoustra, Zoroastre, exactement comme la révélation coranique l'a été par Mahomet.

Dans l'Ancien Testament, la Thora — c'est-à-dire la Loi, les cinq premiers Livres — a été inspirée par Dieu à Moïse. Les prophètes (*Nebim*) et les écrivains sacrés (*Kétoubim*) ont parlé, ont écrit également sous l'inspiration directe de Dieu, ou, du moins pour les *kétoubim*, avec l'assistance de l'Esprit de Dieu.

En conséquence, quels que soient les moyens matériels de transmission que Dieu a jugé à propos d'utiliser, le résultat de son intervention, c'est un Livre qui ne peut pas se tromper. Le dogme de l'inerrance de ces écrits est corollaire du dogme de leur inspiration.

Le cas du Livre sacré bouddhique et le cas du Nouveau Testament sont un peu différents, parce que Jésus et le Bouddha ont apporté avec eux, dans leur personne, la révélation totale, et que c'est sur terre qu'ils l'ont dispensée. Leur enseignement matériel est la base et la garantie du Livre qui prétend tout simplement le reproduire et le fixer. Et cet enseignement se prolonge par celui de leurs disciples, parce qu'on suppose que les disciples ont appris, dans des conversations particulières et familières avec leur Maître, bien des préceptes qu'il n'a pas donnés dans son enseignement public et qui sont tout de même profitables. D'autre part, lorsque les disciples eux-mêmes écrivent, il est entendu que l'esprit du Maître veille sur leur esprit et les garde de l'erreur ; c'est pourquoi leurs écrits entrent tout naturellement dans son Livre. Vous le voyez, c'est un cas particulier du cas général et qui s'organise d'une façon un peu spéciale pour les deux exemples que je viens de rappeler.

Quel que soit le procédé de transmission adopté, *il n'est jamais garanti que par la foi*, par la foi qui l'accepte ou qui ne l'accepte pas, la foi qui se justifie comme elle peut, hors d'elle-même. Ce n'est pas bien facile, mais nous allons revenir tout à l'heure sur ce point.

2° Et maintenant quels sont donc ordinairement les caractères du contenu du Livre ? Eh bien ! quel que soit le procédé choisi par Dieu pour communiquer le Livre, il est toujours entendu que son contenu est d'origine divine et qu'il est garanti par Dieu, qu'il expose une Vérité certaine, donc une Vérité immuable. N'oublions pas ce principe ; comme vous allez le voir dans un instant, il est en effet essentiel de ne pas l'oublier.

Il est entendu, en second lieu, que cette Vérité enseignée par le Livre n'est pas seulement — comment dirai-je ? — un enseignement métaphysique, qu'elle n'est pas seulement la révélation de la destinée de l'homme, de la nature de l'univers, de l'économie même de l'univers, de la place que l'homme y tient, de l'ensemble des vérités qui sont l'essence même de toutes les religions. — Il est entendu, dis-je, que la révélation enfermée dans le Livre descendu du ciel n'est *pas seulement un enseignement : c'est une loi*. Dieu dit ce qui est, mais il dit aussi ce qu'il faut faire pour bien faire, c'est-à-dire, essentiellement, pour lui plaire ; ce qu'il faut faire pour lui être agréable, étant bien convenu que ceux qui s'aviseraient de faire autre chose que ce qui lui est agréable n'agiraient pas conformément à leur intérêt et qu'il leur en cuirait un jour ou l'autre.

Cette sollicitude s'étend jusqu'aux affaires purement humaines. La loi descendue du ciel est souvent, et pour une large part, une loi tout à fait civile, une loi qui s'intéresse aux détails mêmes de l'organisation humaine de la société et de la vie courante du gouvernement. Et cette loi divine a ce caractère d'autant plus marqué que le Livre appartient à une religion plus nationale. Plus une religion est nationale, plus il est évident que son Dieu est *son Dieu à elle* et non pas le Dieu des autres; plus il est usuel que la loi divine se double d'un *Code civil*, et pas seulement d'un Code civil, mais aussi d'un *Manuel de pratique*, car Dieu ne dit pas seulement ce qu'il faut faire, mais il dit aussi *comment il faut le faire*. Le Livre est donc, en même temps qu'une révélation métaphysique, en même temps qu'un Code de loi religieuse et un Code de loi morale, une collection de recettes tout autant qu'une collection de préceptes.

Voilà ce qu'il faut bien remarquer. Ceux d'entre vous qui ont parcouru la Bible et qui ont pris la peine de lire, par exemple, le *Lévitique*, savent combien il contient en effet de recettes, et de recettes profitables qui peuvent par un certain côté avoir un caractère religieux, ne serait-ce qu'en raison de leur origine, mais qui, du point de vue humain, sont, sans plus, de simples recettes.

Si le Livre est très ancien, ou correspond à une mentalité très ancienne, c'est-à-dire à une mentalité qui touche plus ou moins aux primitifs, à une mentalité un peu élémentaire, ces recettes sont extrêmement abondantes, et elles ont alors des caractères de *tabous*, ou caractères d'interdictions, portant, je suppose, sur les deux principales nécessités de *la vie :* l'alimentation et les rapports sexuels, celles auxquelles toutes les religions accordent une attention particulière, et qui sont l'occasion, en fait, de la plupart des interdictions et tabous.

« Tu mangeras de tel animal; tu ne mangeras pas de tel autre. Tu feras ceci; tu ne feras pas cela. » Sans donner de raison, car c'est la caractéristique essentielle du tabou d'affirmer une interdiction sans donner de raison. Cela se comprend d'ailleurs assez bien, car il serait souvent difficile d'en donner une. Pourquoi doit-on manger des animaux qui ruminent ou qui ne ruminent pas, qui ont le pied fourchu ou qui n'ont pas le pied fourchu ? Il arrive même quelquefois que, dans son ardeur, l'écrivain sacré s'oublie un peu et qu'il considère, par exemple, que le lièvre rumine et qu'il a le pied fourchu. C'est un peu hardi.

M. Giran. — La gerboise aussi.

M. Guignebert. — Enfin, ce sont de légères distractions. Il y a donc dans le Livre du type dont je parle, une collection d'interdictions de ce genre et en même temps, la trace d'une série d'opérations magiques.

Interdictions, opérations magiques, c'est la marque essentielle de la religion des primitifs. Au contraire, plus le Livre saint se rapproche d'une mentalité étrangère au nationalisme, plus le Livre saint plonge dans l'universalisme religieux, plus il s'abstrait aisément de ces interdictions et de ces recommandations magiques. Il vous suffit de comparer le Nouveau Testament à l'Ancien Testament pour comprendre toute la différence et sentir tout de suite, sans que j'y insiste, la distance entre les deux espèces de Livres saints : l'un, livre d'un peuple; l'autre, au contraire, livre d'une religion universaliste.

Les rédacteurs du Livre, voyez-vous, veulent d'ordinaire trop bien faire. Ils veulent trop bien faire et ils descendent à une très grande minutie dans les détails, surtout, je le répète, si le Livre est ancien et confine à une mentalité de primitif. Pourquoi ? Eh ! bien, parce que l'état d'esprit du rédacteur du Livre correspond justement à l'état d'esprit des hommes auxquels le Livre est destiné, correspond aux intentions et aux besoins du temps de la rédaction. Je dis qu'ils font trop bien parce que cette minutie même, ces détails auxquels ils s'arrêtent, les condamnent pour l'avenir. Vous comprenez que, d'assez bonne heure, nous ne nous intéressons plus au ruminage du lièvre ou aux pieds fourchus de la gerboise. Tout cela nous est assez égal et plus la mentalité religieuse s'affine, s'épure et s'élève, plus ces prescriptions-là apparaissent enfantines, puériles, tandis qu'au contraire, elles pouvaient bien sembler l'essentiel aux rédacteurs dans le temps où ils se sont appliqués à les exprimer.

Rien ne marque mieux le caractère humain de leur œuvre que cette insistance sur des préoccupations magico-religieuses que le temps écarte de la route de l'avenir et que, peu à peu, les hommes considèrent comme négligeables.

Remarquez bien qu'en tout cela il ne saurait être le moins du monde question de supercherie. Le rédacteur qui s'imagine qu'il écrit sous l'influence d'une inspiration très directe se fait illusion à lui-même. Il se trompe, mais il ne cherche pas à nous tromper. C'est beaucoup plus tard que des combinaisons plus ou moins astucieuses peuvent être organisées. Peut-être en dirons-nous quelque chose tout à l'heure.

3° Comment donc se justifient les prétentions du Livre à exprimer la révélation ? Eh ! bien, en vérité, elles se justifient surtout par des affirmations vigoureuses. Le Livre affirme qu'il est révélé. Le Livre affirme qu'il descend du ciel. Cependant, comme il est très difficile, si on ne le croit pas d'avance, de le croire après, rien que sur des affirmations de ce genre, il est obligé d'avancer d'autres garanties. La première garantie à laquelle il songe, c'est celle qu'il emprunte à l'allégation de faits surnaturels, à l'allégation de miracles. Le Livre se garantit donc par les miracles qu'il raconte ; au besoin, il se garantit par les miracles qu'il produit. Mais c'est plus rare. D'ordinaire, il s'appuie seulement sur les miracles qu'il raconte.

Il apporte en second lieu une série d'affirmations qui sont censées venir de Dieu, à côté des affirmations venues directement des rédacteurs du Livre.

Enfin, il apporte des garanties *personnelles*. Par exemple, le *Coran* est garanti par Mahomet ; c'est lui qui nous affirme que l'ange Gabriel lui a parlé ; c'est lui qui nous affirme qu'il a reçu de l'ange Gabriel, et qu'il n'a nullement inventé lui-même, la matière même du *Coran*.

Les affirmations engagent la foi. Les faits surnaturels sont censés prouver la vérité métaphysique qui constitue l'appui de la religion, et les garanties personnelles : celle qu'apporte la personne du Boudha, celles qu'apporte la personne de Zarathoustra, celles qu'apporte la personne de Jésus ou celle de Mahomet, ces garanties personnelles sont, par définition, indiscutables pour les croyants. A partir du moment où l'on croit à la mission de Mahomet, et à la mission de Zoroastre, à celle de Moïse ou à celle de Jésus, il n'y a plus à discuter. A partir de ce moment-là, on entre dans la sphère de la foi, et si on n'y entre pas, on demeure dans la sphère du pur rationalisme. Nous allons nous y retrouver dans un instant.

La meilleure preuve, à la vérité, la seule preuve valable de la réalité de l'inspiration, pour l'homme du dehors, pour l'homme qui, n'ayant pas d'avance adhéré au Livre, a encore conservé les moyens de le critiquer, cette preuve qui pourrait le convaincre est, si je puis dire, interne. Elle gît dans le contenu même du Livre. C'est au Livre lui-même de se montrer adéquat à la révélation. Il faut que le Livre prouve qu'il exprime avec cohérence, avec clarté, avec élévation, une vérité satisfaisante pour l'homme qui le lit.

Seulement, quand on a dit « satisfaisante », on n'a pas dit grand'chose, parce que, malheureusement, ce qui satisfait une génération ne satisfait plus l'autre, et que pour réaliser une satisfaction générale, une satisfaction qui accompagnât le Livre de génération en génération, il faudrait que le Livre fût vraiment surhumain, il faudrait que le Livre fut nettement supérieur à tout ce que les hommes produisent. Il est vraisemblable que, jusqu'à présent, pareil phénomène ne s'est pas très souvent rencontré puisque tous les Livres ont été successivement retouchés les uns après les autres, ce qui semblerait prouver que la satisfaction n'a jamais été générale, que chaque génération a apporté en face du Livre son propre idéal, qu'elle n'a pas trouvé le Livre adéquat et que, dans la mesure du possible, elle l'a remanié pour le mettre d'accord avec ses propres exigences.

Evidemment, comme vous le voyez, ce critérium qui serait vraiment le seul valable, le *critérium du contenu*, est, en même temps pour le Livre saint, le plus redoutable de tous ceux que l'on peut lui appliquer.

II

Considérons maintenant le Livre du dehors et du point de vue critique, et demandons-nous quelles sont les caractéristiques véritables de son origine et de sa transmission, comment on voit le Livre lorsqu'on quitte la foi du Livre. Cela nous est bien facile puisque, même si nous attachons notre foi à un des Livres saints, nous ne pouvons pas l'attacher à tous. Par conséquent, en mettant de côté le Livre auquel notre cœur tient, il nous est encore possible d'en examiner un assez grand nombre d'autres pour nous faire une opinion.

1° Dès que l'on considère de ce point de vue n'importe quel Livre saint, on en vient à faire des découvertes qui ne favorisent pas ses prétentions. D'abord, on constate en lui, et d'autant mieux qu'il est plus long, la marque évidente d'une évolution. On s'aperçoit qu'il réfléchit, pour ainsi dire, plusieurs vérités successives, qu'il faut rapporter à des états successifs, à des étapes, de la culture et de la religion. C'est là une constatation qui ne s'accorde pas bien avec le postulat de la révélation éternelle, ni même avec celui de la révélation tout court, du moins sous les espèces que voudrait imposer le Livre, c'est-à-dire sous les espèces un peu massives d'une révélation tombée d'un bloc, du ciel, et devant laquelle on n'a plus qu'à s'incliner sans autre réflexion, d'une révélation qui se fonde par elle-même. On soupçonne tout de suite que s'il y a révélation, ce doit être quelque chose d'un peu compliqué, et d'un peu subtil aussi, que cette imagination un peu élémentaire.

Prenons un exemple ; prenons-en même plusieurs si vous voulez. J'ai tout à l'heure nommé les *Védas*. Eh ! bien, si nous ajoutons aux *Védas* les *Brahmanas*, (nous pourrions même ne rien y ajouter du tout et rien que sur les *Védas* la remarque que je vais faire porterait tout aussi bien) si, pourtant, nous ajoutons aux *Védas* les *Brahmanas* qui les complètent, en ne considérant les pseudo-vérités qu'ils affirment que dans les limites du temps où ont vécu les rédacteurs, sans aller se demander si elles n'avaient pas déjà, ces pseudo-vérités, subi de nombreuses transformations antérieurement à leur rédaction, enfin, en les regardant simplement dans les limites chronologiques de la rédaction du Livre, nous nous apercevons que les *Védas* reflètent très naturellement plusieurs siècles, qu'ils attestent des étapes religieuses et philosophiques très diverses, qu'ils contiennent des parties très profanes. Dans nombre de cas, nous avons l'impression que le rédacteur a bien pu se préoccuper beaucoup plus de flatter tel ou tel prince et d'en obtenir un certain nombre de vaches, plutôt que d'exprimer des révélations divines et des vérités éternelles. — Il y a même dans l'intérieur de ce recueil un certain nombre de poèmes dont le caractère profane confine à l'obscénité. Il est donc extrêmement difficile de supposer que tout cela représente une révélation tombée en bloc du ciel.

Si nous regardons, d'autre part, la littérature bouddhique (restons dans l'Inde pour un instant), nous voyons qu'elle comprend deux Livres sacrés qui présentent des parties communes : il y a le *canon du nord* et le *canon du sud*. Eh ! bien, même en prenant seulement la littérature boudhique de l'Eglise du sud, qui a été moins contaminée que l'autre par les actions extérieures, nous sommes obligés de faire les mêmes remarques que pour les *Védas*, et, à supposer que la pensée du Bouddha inspire encore les parties les plus anciennes de cette littérature, les autres s'éloignent beaucoup et s'éloignent de plus en plus de l'esprit du Bouddha. Ce ne sont pas même des reflets du fondateur qui s'y trouvent. C'est autre chose. D'autres courants de pensée religieuse sont intervenus, d'abord parallèlement, puis ils ont fini par croiser le courant de pensée religieuse dont le Bouddha est la source. Tout cela se complique à l'infini dans un lacis qu'il nous est aujourd'hui presque impossible de débrouiller, tant du point de vue du contenu que du point de vue de la date.

Le même problème exactement se pose pour l'*Avesta*. Il se peut, encore que quelquefois on en doute, qu'il y ait encore dans l'*Avesta* des faces visibles de la pensée de Zarathoustra. Il se peut qu'il demeure dans les textes avestiques que nous possédons maintenant des parties du grand Livre que la tradition fait remonter à Zarathoustra. Dans l'état actuel, l'attribution de l'ensemble au prophète est absolument insoutenable. Les diverses parties du Livre ne sont même pas écrites dans la même langue. Il est impossible de penser que nous sommes en présence d'un *corpus* à peu près cohérent et, surtout, dont les morceaux seraient à peu près contemporains.

Remarquez que le problème de la Bible juive ne se pose pas différemment non plus. La composition de l'ensemble des Livres qui constituent cette Bible est répandue sur un espace chronologique très considérable. Prenez, par exemple, le *Pentateuque*. Si on le regarde à la fois du point de vue des institutions et de celui de la pensée religieuse qui se développe dans ses pages, on reconnaît qu'il y a là plusieurs couches successives.

Les critiques admettent généralement que le *Pentateuque* est à peu près composé par la combinaison de quatre grands documents de dates et d'esprits différents : l'Elohiste, le Jahviste, le Deutéronome et le Code sacerdotal. Lorsqu'on regarde ces documents — que la critique arrive à isoler les uns des autres dans le texte biblique — et lorsqu'on sait qu'il en existe dans le monde mésopotamien, dans le monde babylonien, d'un peu analogues, et qu'on les en rapproche, on éprouve d'abord quelque surprise, puis l'on s'instruit. Si, par exemple, on rapproche des premiers chapitres de la Bible les mythes babyloniens, ou de la loi de Moïse le code d'Hamourabi, on trouve occasion de faire une série de remarques qui ne sont pas extrêmement favorables à l'hypothèse de la composition globale uniforme et à l'inerrance de la Bible juive.

Le problème des *Prophètes* se pose de la même façon. Vous savez qu'il y a au moins deux Isaïes et que le Livre de *Habacuc* est probablement fait de pièces et de morceaux.

Cependant on dit : « C'est une impression d'unité que donne

la Bible. » Oh ! ce n'est pas douteux, mais cette impression d'unité tient à la ressemblance des préoccupations des divers auteurs et à la mise au point qui en a été faite à plusieurs reprises. Malgré la dernière de ces mises au point, qui est d'origine théocratique et date du quatrième siècle avant Jésus-Christ, le caractère composite de la Bible éclate aux yeux. Il y a dans son canon des parties qui n'ont rien à faire avec l'inspiration. Qu'est-ce que le *Cantique des Cantiques* a de commun avec l'inspiration ? On se demande comment ce poème érotique — qui est d'ailleurs fort joli — peut se trouver là, en supposant même, qu'il faille, comme certains le disent, l'attribuer à Salomon. Car Salomon n'a pas toujours fait que des choses très morales dans sa vie.

Donc, ce qu'atteste la Bible, c'est une évolution religieuse. Ce n'est pas du tout une vérité immuable. Je dirai même que la représentation de Dieu n'y est pas uniforme. On y trouve d'abord une représentation tout à fait anthropomorphique de Jahvé, puis on va presque aux confins de sa sublimisation ; dans la période grecque, par exemple, on en arrive à ne plus oser le nommer.

Le problème du Nouveau Testament lui-même est analogue, avec cette petite différence que le Nouveau Testament ayant été composé en un espace de temps infiniment plus court que la Bible juive, reflète plutôt des milieux différents que des dates différentes.

Il y a, par exemple, le milieu palestinien qui est visible encore dans les Synoptiques. Il y a le milieu asiate-syrien, syncrétiste et gnostique, très visible dans les Epîtres de Paul. Il y a le milieu philosophico-mystique visible dans le quatrième évangile ; des courants purement judaïsants se revoient ailleurs, dans certaines parties de l'Apocalypse, par exemple.

Ce qui manque le plus, c'est l'impression de l'unité, c'est l'impression d'un ensemble. Ce que l'on constate, lorsqu'on a tout simplement étudié les Evangiles du point de vue critique, c'est qu'ils se contredisent entre eux, qu'ils traitent à leur fantaisie leurs propres sources, qu'ils ne sont pas du tout les produits directs d'une inspiration immédiate. Si dans la Bible juive, comme je vous le disais tout à l'heure, il coule plusieurs courants religieux autour de la représentation même de Jahvé, il y en a plusieurs aussi dans le Nouveau Testament autour de la représentation du Christ. Et, dans ces courants religieux d'origine si différentes, sa propre pensée risque d'être complètement submergée. C'est un problème pour les exégètes d'aujourd'hui de la retrouver ou simplement d'espérer que, peut-être, ils la retrouveront.

Nous sommes donc très loin de la représentation élémentaire du Livre. Ah ! il y a une exception ; elle nous est offerte par le *Coran*. Pourquoi ? Parce que le Coran a été rédigé d'une façon un peu particulière, bien qu'aujourd'hui on commence à poser quelques points d'interrogation autour de cette histoire. Abou-Bekr, au lendemain même de la mort du Prophète, aurait fait venir devant lui les *porteurs de Coran*, ceux qui avaient gardé dans leur mémoire les Sourates, les différents développements que Mahomet leur avait donnés dans son enseignement. Puis il les leur aurait fait réciter et les aurait fait prendre par écrit. Puis, un peu plus tard, le calife Osman aurait fait opérer un triage de ces différents témoignages et supprimer ceux qui ne lui paraissaient pas authentiques. Nous ne savons pas sur quelles règles critiques il s'est appuyé pour faire ce triage. Mais le résultat est qu'il n'y a qu'un *Coran*. Il n'y a qu'un seul exemplaire du *Coran* qui a été fixé tout de suite ; en sorte que le *Coran* a évité le grand danger de la plupart des Livres saints, le danger qu'ils courent dans cette période qui s'écoule entre le moment où ils commencent à être composés et le moment où ils sont fixés. Cette période est quelquefois très longue ; elle est extrêmement périlleuse pour le fonds et pour la lettre première du Livre.

Cependant, le problème du *Coran* n'est pas si différent de ceux que je viens de citer qu'il semble l'être au premier abord, en ce sens qu'il y a aussi des sources au *Coran*. Seulement ces sources n'ont pas été utilisées comme celles de nos Evangiles, par exemple. Nos Evangélistes ont travaillé sur un recueil de sentences de Jésus qu'on a l'habitude d'appeler les *Logia*, « les dits » du Seigneur. Il n'y a rien de pareil dans le *Coran*, mais il y avait quelque chose de pareil dans la pensée de Mahomet. L'enseignement de Mahomet est sorti d'une combinaison de sources que Mahomet a opérée ; sources chrétiennes, sources juives, sources perses probablement. Il a combiné tout cela dans son esprit et c'est cette combinaison qui est la révélation de Mahomet. L'opération, habituelle, a donc tout simplement reculé d'un étage ; elle s'est faite dans l'esprit même du Prophète, au lieu de se faire sous la plume des rédacteurs. Elle n'est pas spécifiquement différente de celle qui se produit d'ordinaire.

Aucun Livre saint, considéré en critique, ne justifie sa prétention d'exprimer la vérité une, absolue et définitive. Il exprime un état, ou, le plus souvent, des états successifs de représentations humaines de la vérité. Le Livre saint nous apporte un témoignage sur la façon dont une, deux, trois, quatre générations, — et quelquefois plus — se sont représenté la vérité divine. Et pourquoi reflète-t-il ainsi des états successifs ? C'est que, malgré sa prétention de fixer définitivement la vérité, d'être une barrière infranchissable à toutes les adaptations futures, le Livre saint ne peut continuer d'alimenter la vie de la religion que s'il s'y adapte lui-même. Et c'est la nécessité des corrections et des adaptations qui fait que nous gardons ainsi, dans le même Livre saint, le témoignage de ses états successifs.

En lui-même, le Livre nous apparaît donc comme une œuvre humaine, comme une œuvre hasardeuse et imparfaite à l'égal de la religion dont il sort. Car, visiblement, sa prétention de fonder la religion est illusoire; il naît de la religion. Je ne vous en donnerai qu'un exemple : l'Eglise chrétienne a existé avant le Nouveau Testament. Elle a vécu un demi-siècle, et plus peut-être, avant la rédaction à peu près définitive des livres essentiels du Nouveau Testament. C'est pourquoi le Livre ainsi considéré n'est qu'un des phénomènes généraux de la chaîne que suivent les religions.

Le *Coran* semble encore là une exception. Mais le *Coran* n'est une exception que parce qu'il n'est qu'une imitation. Le *Coran*, très visiblement, a voulu donner à la religion nouvelle, tout de suite, l'équivalent de la *Bible*, ou l'équivalent du Nouveau Testament. Il avait des modèles dont il a au moins essayé d'imiter les constructions générales et l'intention.

2° Voyons maintenant quelles sont les constatations générales auxquelles donne lieu l'examen de la composition de notre Livre saint.

Le caractère composite du Livre se marque, pour ainsi dire, matériellement, par un fait que j'ai, de propos délibéré, négligé de signaler jusqu'à présent, mais que vous connaissez tous et que vous supposiez, avant même que je n'aie parlé : c'est que (le Coran mis à part pour les raisons que je viens de dire) le Livre saint est *une collection*. Le Livre saint n'est pas un livre, c'est une collection de livres. Le Livre saint, c'est *un canon*. Chacun des canons a une histoire, histoire ordinairement compliquée, histoire ordinairement obscure, dont la seule existence témoigne contre les prétentions du Livre. Du moment que le canon a une histoire, c'est que, très probablement, l'accord ne s'est pas fait tout de suite sur l'ensemble des livres qui composent le canon. La littérature védique, même considérée dans le seul *Rig-Véda*, est l'œuvre de poètes successifs.

Les deux canons de la littérature bouddhique ne se ressemblent pas.

Le canon de l'*Avesta* est composé d'écrits dissemblables par l'esprit, par la date, par la langue.

Il y a eu deux canons, au moins, de la Bible juive. Il y a eu le canon de la Bible palestinienne et le canon de la Bible alexandrine. La *Sagesse*, le *Siracide*, le premier et le second *Macchabées*, *Judith*, *Tobie*, *Baruch*, ne faisaient pas partie du canon palestinien et faisaient, selon toute apparence, partie du canon alexandrin.

Et alors, comment se fait-il, puisque je remarque qu'un des canons juifs était plus court que l'autre, comment se fait-il, dis-je, qu'un livre entre au canon ? Pour quelles raisons ? Est-ce pour des raisons critiques analogues à celles que nous pourrions, nous, donner aujourd'hui ? Non. Est-ce parce qu'il a tout de suite, par lui-même, les moyens, que les autres n'ont pas, d'inspirer la confiance ? Cela paraît invraisemblable. Car, si nous pouvons nous demander parfois pourquoi tel livre est entré au Canon, nous pourrions peut-être bien nous demander aussi pourquoi pas tel autre : pourquoi le *Cantique des Cantiques* a-t-il place au canon ? Pourquoi est-ce qu'*Hénoch* n'y est pas entré, alors que l'*Ecclésiaste* s'y trouve ? Pourquoi l'un des canons a-t-il 45 livres alors que l'autre n'en a que 39 ? Pourquoi aujourd'hui le canon dit *catholique* a-t-il encore 45 livres, tandis que le canon dit *protestant* n'en a que 39 ?

Nous nous apercevons, quand nous regardons de près la fortune des principaux livres, que le canon s'est constitué très lentement, au milieu des hésitations et des controverses.

Voyez le canon de la Bible juive. Il se compose, en réalité, de trois canons mis bout à bout. Il y a d'abord eu le canon de la *Thora*, qui a été achevé, sans doute, vers l'an 400, à peu près. Puis, il y a le canon des *Prophètes*, le canon des *nébim*, qui s'est constitué après, probablement vers 200. Il est possible, en tout cas, qu'il ait été constitué vers 164, puisque c'est à cette époque là que *Daniel* paraît et qu'il est rangé parmi les *Ecrivains sacrés* plutôt que parmi les Prophètes. Le canon des Prophètes devait être clos à ce moment-là. Le canon des *kétoubim*, le canon des *écrivains sacrés* est de date très incertaine ; il a été plus long à fixer et, avec la meilleure volonté du monde, on ne peut pas le faire remonter plus haut que la fin du deuxième siècle, et, avec un peu de mauvaise volonté, on pourrait le faire descendre jusqu'à la fin du premier siècle. Il y a donc là pour nous un jeu de deux siècles sur lequel nous pouvons hésiter.

Sans doute n'ai-je pas besoin de vous dire que les Livres qui ont été introduits dans ce canon et les Livres qui en ont été rejetés, n'ont subi la mauvaise fortune, ou n'ont profité de la bonne qu'après bien des disputes et des hésitations, qui finissent par donner à qui les considère une idée très singulière de la puissance de la révélation.

Il en va de même du canon du Nouveau Testament qui a été également constitué par les morceaux. Il est probable que tout d'abord les fidèles ont recueilli des *sentences*, peut-être des *paraboles* du Seigneur. Puis ils ont rédigé de petits livres de souvenirs apostoliques sans intentions canoniques. Puis, le culte a donné du relief à un certain nombre de ces écrits et, peu à peu, se sont constitués, d'une part un *corpus apostolicum* ou *paulinien*, composé d'un certain nombre d'Epîtres de Paul, et d'autre part, un *corpus evangelicum*, avec un certain nombre des livrets évangéliques. L'union de ces deux *corps* a formé le noyau principal du Nouveau Testament.

Mais vous savez que bien d'autres écrits sont entrés dans le Nouveau Testament. D'aucuns n'y ont pénétré qu'après des batailles qui ont duré jusqu'à la fin du quatrième siècle, par exemple l'*Apocalypse ;* les Occidentaux en voulaient bien, les Orientaux n'en voulaient pas. Pour l'*Epître aux Hébreux*, c'était le contraire; les Orientaux en voulaient bien, les Occidentaux n'en voulaient pas. Et, au début du quatrième siècle, l'accord n'était pas fait ; il ne l'était même pas complètement à la fin du quatrième siècle, bien qu'à cette date, l'ensemble de notre canon actuel fût généralement accepté dans les Eglises. Mais la constitution du canon, en ce temps-là, était encore tout empirique; elle pouvait varier encore d'une Eglise à l'autre. Les Eglises avaient l'impression qu'elles étaient en face d'un livre inspiré ou bien en face d'un livre non inspiré et elles décidaient de son sort en conséquence de ce sentiment.

On se demande comment et pourquoi des livres comme l'*Evangile des Hébreux*, ou la *Didaché*, ou l'*Epître de Barnabé*, ou le *Pasteur* d'Hermas, ne sont pas restés dans le canon, car ils y ont été à un moment donné, et ils ont gardé longtemps des partisans.

Il n'y sont pas restés parce que l'opinion moyenne des Eglises a fini par n'en pas vouloir. C'est la foi, c'est le tact des communautés qui a décidé lentement et par tâtonnements où était l'inspiration et où elle n'était pas. Autrement dit, *c'est un jugement humain, hésitant et hasardeux, qui a décidé de l'autorité divine.*

Voilà comment les choses se sont pratiquement passées. Tous les Livres saints présentent, en somme, ce caractère d'être des canons composites hormis le *Coran*. Encore a-t-il fallu choisir entre les *dits* des « porteurs du Coran » ; les uns ont été considérés par Abou-Bekr et par Osman comme enfermant la vérité révélée au Prophète, les autres non. L'opération est bien du même genre que celle que nous venons d'étudier à propos du Nouveau Testament; seulement elle a été plus réduite, plus ramassée dans le temps et dans l'espace. C'est pourquoi le *Coran* a évité une partie des inconvénients des autres Livres saints.

Le Livre donc, quelle que soit son origine, est *contradictoire à la vie*, à l'évolution nécessaire à toute religion. Le canon est déjà un palliatif à cet inconvénient. Le canon permet la multiplicité des livres sous la même couverture; mais quand le canon est clos, la porte est fermée ; elle est fermée à l'action directe de la vie. C'est donc à l'intérieur qu'il faut chercher à développer tout de même la vie. La porte est fermée sur le canon et sur le Livre; il faut que la vie essaie de se placer à l'intérieur du canon et du Livre. Comment donc? C'est le premier point que je vais considérer rapidement. Comment une religion concilie-t-elle l'immobilité du Livre, et la nécessité de la vie, c'est-à-dire du mouvement, pour elle-même ?

III

Une fois close la porte du canon et terminée la juxtaposition d'écrits différents dans le Livre, juxtaposition rendue nécessaire par la durée, et dont la foi ou la théologie — c'est son métier — accommodaient ensemble les éléments, souvent disparates, la situation pourrait très rapidement devenir grave dans une religion vraiment vivante. L'écart se manifesterait vite entre la croyance et le contenu du Livre. Alors, voici comment on s'y prend pour retarder le danger. On constitue, à côté du Livre, la *tradition*, et, dans l'intérieur du Livre, on applique l'*interprétation*. La tradition et l'interprétation, voilà les deux soupapes de sûreté.

La tradition se présente exactement, du point de vue de la religion et de la critique, dans les mêmes conditions que le Livre ; seulement, tant qu'elle n'est pas écrite, elle reste beaucoup plus souple que le Livre. Les croyants acceptent ou n'acceptent pas la tradition. Une fois qu'elle est acceptée, elle dure plus longtemps que le Livre saint sans subir les contraintes étouffantes de la formule close. Elle vit alors à côté du Livre ; lorsque le Livre devient trop gênant, on l'abandonne en fait ; on l'embaume dans le respect ; on n'en parle plus et on vit sur la tradition. Voilà comment, pratiquement, on tourne la difficulté. Ainsi les *Védas* et les *Brahmanas* ont à côté d'eux les *Soutras*, qui sont une forme de la tradition. A côté de l'*Avesta*, il y a le *Zend*. Vous avez l'habitude, certainement, de dire le *Zend-Avesta*, puisque, généralement, on les nomme ensemble. Eh bien ! l'*Avesta*, c'est la révélation, et le *Zend* c'est la tradition.

A côté du *Coran*, il y a les *Hadits*, qui ont permis de suppléer aux insuffisances du *Coran*, ou de vivre là où, vraiment, la lettre coranique rendait la vie impossible.

A côté de la Bible juive, il y a les commentaires rabbiniques. A côté de la *Thora*, il y a le *Talmud*.

A côté du Nouveau Testament, il y a la *tradition apostolique* et il y a la *tradition patristique*, ensemble de considérations de foi acceptées globalement malgré leur incohérence. Si j'avais le temps et si je ne craignais de vous fatiguer, je vous montrerais comment ce qu'on appelle la tradition patristique est quelque chose d'insaisissable et, religieusement parlant, d'insoutenable. Comment voulez-vous croire que le sentiment religieux ait été le même depuis le temps de Clément d'Alxandrie jusqu'au temps de Grégoire le Grand ou de Saint Jean Damascène ? Il y a eu, d'un bout à l'autre de cet immense espace de temps, des courants religieux tout à fait différents et, dans la collection patristique, il se trouve des morceaux religieux qui sont véritablement insuperposables, injuxtaposables même, et qui, pourtant, sont tous à leur place dans la tradition patristique, tout simplement parce que chacune des tranches de vie doctrinale qu'ils représentent se met à sa place dans le mouvement, dans l'évolution de l'ensemble.

La tradition, au fond, ce n'est rien du tout. Ce n'est rien, ou c'est de l'histoire, l'histoire de la foi et les applications pratiques que l'on peut en tirer. Voilà tout. C'est l'histoire de l'adaptation et de l'interprétation. Seulement, voyez-vous, le malheur, c'est que non seulement la tradition a, au fond, les mêmes origines que le Livre, mais c'est qu'elle tend au même but que le Livre, c'est-à-dire *à la rédaction*. La tradition cherche visiblement à devenir un livre, elle aussi, à se fixer. Autrement dit, quand elle est fixée, quand elle est rédigée, c'est un second verrou qui s'ajoute à la porte close dont je parlais il y a un instant. La tradition rédigée ce n'est plus qu'un Livre de second ordre. Il n'existe plus alors de ressource, pour la vie nécessaire, contrainte par l'Ecriture, que dans l'interprétation.

En effet, qu'est-ce que c'est que l'interprétation ? Je n'ai pas le temps d'introduire beaucoup de nuances dans ma pensée ; je vais donc l'exprimer avec une grande brutalité. L'interprétation, c'est une méthode de torture appliquée à un texte pour l'obliger à dire autre chose que ce qu'il dirait tout seul. Voilà ce que c'est que l'interprétation. Il est très difficile au texte de résister; seulement, il peut en mourir.

Voici, selon l'apparence, le point de départ — tout à fait singulier quand on y réfléchit — de l'interprétation : l'interprétation part de la prétention d'expliquer la vérité mieux que Dieu ne l'a fait lui-même. On suppose donc d'abord que Dieu ne s'est pas fait suffisamment comprendre. Heureusement qu'il y a les théologiens pour suppléer à ce manque à gagner. *En réalité*, le point de départ de l'interprétation, c'est la nécessité d'adapter à des besoins présents une vérité devenue désuète. Ces besoins ont une force singulière, et cette force, toujours, trouve le moyen de créer ce qu'il lui faut.

En tous les cas, une religion qui ne veut pas mourir en arrive à briser ses entraves, à ne pas tenir compte de ce qui la gêne. Elle doit trouver la formule, elle la trouve. Quand elle ne la trouve plus, c'est extrêmement grave pour elle ; cela prouve qu'elle n'a plus beaucoup de vitalité.

L'interprétation est donc essentiellement l'œuvre de la théologie. Elle a pour caractéristiques premières et inévitables le mépris de l'histoire et un respect du texte d'un genre particulier, un respect du texte que je dirai supérieur au texte lui-même et qui s'abstrait des contingences où se trouve le texte, lequel n'est plus considéré qu'*in abstracto*. C'est une nécessité à laquelle l'interprétation ne peut pas échapper. Si elle en venait à faire autrement, elle retomberait dans l'histoire, c'est-à-dire dans le texte, c'est-à-dire dans le danger qu'elle veut éviter. Il est donc indispensable qu'elle en sorte par la méthode que j'ai indiquée.

Il y a deux procédés courants, dont usent les *interprètes* : l'un c'est celui de *l'interprétation de la lettre* pour en tirer un sens imprévu de son auteur premier. Par exemple, la théologie orthodoxe catholique trouve dans le Nouveau Testament la confirmation positive, la justification complète, de toute la dogmatique du quatrième siècle et, en même temps, celles de toute la pratique médiévale.. Je n'ai pas besoin de vous dire que le critique ne voit pas les choses de même. J'ai reçu hier même une réédition de la réponse du Père Gratry à la *Vie de Jésus* de Renan. Je n'ai pas grande envie de relire l'opuscule du père Gratry, je ne vous le cache pas. Cependant, honnêtement, comme il faudra que j'en rende compte, je l'ai ouvert et je l'ai feuilleté ; par hasard, je suis tombé sur cette déclaration : *Renan affirme que Jésus n'affirme sa divinité que dans un seul Evangile et il l'affirme, en réalité, positivement dans les trois. Voilà comment Renan regarde les textes.* Cela prouve que Renan et le Père Gratry ne regardaient pas les textes du même œil ; voilà tout.

Il en va de même du théologien et du critique en présence du Livre Saint ; chacun le voit de son point de vue.

Voilà donc la première méthode. La seconde consiste d'abord à *réduire ou à nier les contradictions*. Par exemple, le Christ du quatrième Evangile et le Christ des Synoptiques ne s'accordent pas très bien. Il suffit d'affirmer qu'ils s'accordent. Qu'ils s'accordent ou qu'ils ne s'accordent pas, il faut qu'ils s'accordent tout de même ; on les y contraint par force. L'affirmation du davidisme du Christ et l'affirmation de sa naissance virginale, voilà encore qui ne va pas très bien ensemble. Les théologiens vous offrent deux ou trois explications ou conciliations ; vous avez le choix, vous n'avez qu'à prendre celle que vous voulez.

Ce sont les procédés théologiques. En outre, la même méthode d'interprétation favorise volontiers les interpolations décisives. Voyez par exemple, dans la *première Epître de Jean*, 57, l'interpolation du fameux verset :

Car ils sont trois qui rendent témoignage au ciel : le Père, le Fils et le Saint-Esprit et ces trois ne sont qu'un.

L'Eglise a accepté, comme apostolique, ce texte si favorable au dogme de la Trinité, et, pourtant, il ne date que de la seconde moitié du quatrième siècle.

Ces trois moyens que je viens d'énumérer sont de petits moyens qui ne se montrent efficaces que dans le détail des mots ; mais il y a mieux. Il y a le procédé qui consiste à ne considérer que l'esprit du Livre et à le traiter, soit par la méthode allégorique ou symbolique, soit par une espèce de méthode philosophique qui superpose un sens spirituel, un sens mystique au sens littéral. On suppose que le sens littéral a fait son temps ; on se souvient qu'il existe, mais, en réalité, affirme-t-on, le véritable sens, c'est le sens spirituel, c'est le sens mystique. Ce procédé est extrêmement commode et, lorsqu'on est un peu habile, on arrive à une virtuosité incomparable dans son maniement. C'est par ce procédé que Philon a accommodé la Bible juive à la philosophie grecque et qu'un peu plus tard, Origène a fait de même pour la dogmatique chrétienne. La dogmatique chrétienne et la philosophie de Platon ont ainsi fini par passer pour être la même chose. C'est encore par ce procédé que les gnostiques, par exemple, ont pu, suivant un extravagant syncrétisme, mettre tout dans tout et faire, avec les morceaux les plus disparates, un ensemble qui est peut-être monstrueux, mais qui fait tout de même figure de système.

C'est enfin le procédé nécessaire de tous les modernismes, je ne pense pas seulement au modernisme dont vous avez entendu parler aux environs de 1907, mais aux modernismes de tous les temps. Quand le moderniste — c'est-à-dire l'homme qui cherche l'accord entre la foi du passé et la science du présent — se trouve en présence d'un certain nombre d'exigences de sa connaissance et de sa raison, et, d'autre part, en présence d'un certain nombre d'affirmations absolues de sa religion, dont il ne peut pas se débarrasser, comme il faut absolument qu'il les accorde ensemble, il ne peut y parvenir que par une interprétation dont la formule dogmatique traditionnelle fait les principaux frais et pas seulement la formule, mais également l'esprit du Livre et de la tradition.

Tous les moyens que je viens d'énumérer épuisés, il reste le recours à une dernière méthode d'adaptation du Livre. Ah ! celle-là, je l'ai gardée pour la fin, parce que c'est vraiment là qu'est sa place : quand on commence à l'employer, le Livre saint est bien malade : elle consiste à choisir, à distinguer dans le Livre entre *ce qui est inspiré et ce qui ne l'est pas*, entre ce qui est permanent et ce qui est transitoire. Je le répète, c'est la suprême ressource, mais elle est bien dangereuse, et, à partir du moment où on l'utilise, le cataclysme n'est pas très loin.

Il est, du reste, difficile de dire, quand on emploie cette méthode, où commence l'artifice et où commence l'insincérité, dans ce jeu nécessaire de l'interprétation. Mais l'insincérité et l'artifice commencent certainement beaucoup plus tard qu'on ne le croit d'ordinaire. L'interprète est dupe de ses propres illusions. Il s'imagine que la vérité n'a jamais pu être vraiment autre que celle qu'il a l'habitude de tenir pour assurée. Il a de même *l'habitude* de certaines pratiques cultuelles qui lui apparaissent comme exactement contemporaines des origines mêmes de la religion. De même aussi, il a dans l'esprit un certain nombre d'*habitudes* de foi, qui font qu'il ne peut pas concevoir sans un effort d'esprit historique — et c'est précisément le genre d'esprit qui lui manque le plus — que des fidèles aient jamais pu croire autrement. Il n'a aucun sens de l'histoire ; mais c'est très imprudent de mépriser l'histoire, car elle se venge. L'histoire le domine tout de même en ce sens qu'il ne peut pas se dégager de l'état historique qu'il a sous les yeux.

Je ne veux pas dire qu'il n'y ait pas quelques théologiens qui arrangent un peu les choses .Je ne veux pas dire que, de temps en temps, ils ne se rendent pas un peu compte que ce qu'ils avancent n'est peut-être pas exactement ce qu'ils ont le droit de penser en rigueur, qu'il n'intervienne pas diverses considérations qui, dans leur esprit ou dans leur conscience, justifient le petit coup de pouce qu'ils se laissent aller à donner aux textes. Cela arrive, mais c'est là un phénomène relativement tardif et qui n'est, je crois, qu'accidentel.

Voyez-vous, l'interprète commet cette grosse erreur, — qui est constante — de ne pas essayer de comprendre les textes *tels qu'ils sont*, mais de chercher uniquement à leur faire dire ce qu'il faut qu'ils disent pour complaire à ses propres croyances ou à ses préjugés. Il se prend à son propre piège et il ne doute pas de son efficacité, de même que l'on ne doute pas qu'il s'y prenne pour peu qu'il ait fréquenté les théologiens.

Il existe tout de même, Mesdames et Messieurs, un terme que l'interprétation ne peut pas dépasser. Les textes ont une limite d'élasticité au delà desquels ils se brisent, un *terminus ad quem* qu'ils ne tranchissent pas. Le bon sens, éclairé par la critique et la connaissance historique, tend à resserrer ces limites, à les rapprocher, si vous voulez, de l'interprétation littérale et historique.

A mesure que l'on connaît mieux les milieux religieux où vraiment le Livre est né, où il s'est développé, à mesure que l'on sait mieux quelle a été la réalité de la vie, l'effort de la critique tend plus résolument à couper les ailes aux théologiens, à les obliger à se rabattre sur ce qui a été vraiment la réalité.

Aucun Livre saint ne peut échapper à ce double péril mortel : d'une part, l'abus même de l'interprétation; il arrive un moment où on ne peut plus la pousser plus loin qu'en brisant le texte, — et, d'autre part, l'étude critique du Livre, laquelle de plus en plus ramène le Livre à son aspect véritable qui est celui d'un phénomène historique dans l'intérieur d'une religion. Le pire danger que puisse, en effet, connaître l'orthodoxie du Livre, c'est l'exégèse scientifique.

IV

Concluons : l'étude critique du Livre saint montre que le rêve, si souvent formé, de la révélation directe et *ne varietur* est une chimère.

Il y a sans doute d'autres manières que celle-là de concevoir la révélation et l'inspiration. Il y a d'autres manières qu'il ne m'appartient pas d'étudier ici. La manière du Livre est critiquement inadmissible, à moins que d'être ramenée à une de celles auxquelles je fais allusion, ce qui revient à dire : à moins que d'être détruite en soi.

La prétention du Livre est chimérique parce qu'elle revient à entreprendre de fixer la vie, ce qui est absurde par définition. Car c'est bien de la vie que l'on peut dire, comme le vieux philosophe grec le dit du monde : « C'est un écoulement continuel. » Une religion du Livre ne vit donc que malgré le Livre et je dirai contre lui. Il la sert, cependant, sa religion : il la sert grandement au moment où il paraît. Il est certain que l'œuvre d'Esdras et l'œuvre du sacerdoce de Jérusalem représentaient un très grand bien, par rapport à ce qu'il fallait faire à ce moment-là. De même, la rédaction, la fixation approximative du canon chrétien contre la Gnose a été un grand bien pour le christianisme. Peut-être que, dans le premier cas, le judaïsme se serait éparpillé et que, dans le second cas, le christianisme se serait fondu dans le syncrétisme, sans réaliser ses possibilités. Le *Coran* était vraiment le cadre de l'Islam au lendemain de la mort du Prophète. Lorsque les premiers fidèles ont commencé à disparaître, on pouvait se demander si, vraiment, l'œuvre de Mahomet allait leur survivre. Le *Coran* l'a consolidée.

Cette période passée, après le moment où l'application immédiate du Livre a pu se faire sentir, il devient une gêne pour la religion dans laquelle il s'est installé.

C'est pourquoi le Livre saint (je ne dis pas le livre sacré ni le livre consacré, ce n'est pas tout à fait la même chose) représente un procédé un peu matériel, un peu grossier, un peu élémentaire de fixer l'autorité d'une religion. Il correspond à une étape de la vie des religions du passé et on ne conçoit pas très bien une religion de l'avenir qui s'immobiliserait, s'enkysterait dans un Livre saint. (*Vifs applaudissements.*)

M. Leclerc de Pulligny. — Mesdames, Messieurs, je suis sûr d'être votre interprète à tous en remerciant M. le Professeur Guignebert de la conférence si remarquable que nous venons d'entendre. Je lui demande s'il consentirait à répondre aux auditeurs qui auraient quelques objections à présenter ou quelques éclaircissements à lui demander ?

M. le Professeur Guignebert. — Très volontiers.

M. Giran. — Je ne voudrais pas retenir les personnes qui sont disposées à sortir et je les prie de se retirer sans considération pour celui qui va prendre la parole.

Aussi bien, les quelques réflexions que je vais me permettre de présenter à M. Guignebert ne sont point pour le contredire. Je pense, en effet, que M. Guignebert me connaît d'assez longue date pour savoir que tout ce qu'il a dit sur la notion que l'Eglise a du Livre saint est absolument dans mon sentiment. J'approuve donc entièrement sa conférence que je signerais presque s'il avait distingué entre les Livres saints et la notion que les Eglises ou les christianismes professés en ont.

Je ne pense pas que l'auteur de l'Elohiste, ou du Jahviste (soit du premier soit du second), je ne pense pas que l'auteur d'un

Livre quelconque de la Bible ait cru qu'il écrivait des paroles éternelles. Ce sont les Eglises, plus tard, qui, en édifiant un canon auquel elles voulaient donner une valeur d'éternité, ont décidé que la vérité absolue et définitive était contenue dans le Livre, qui n'en pouvait mais. Et, en disant cela, je crois que la pensée que j'exprime s'applique non seulement aux Livres sacrés de l'antiquité israélite et de l'antiquité chrétienne, mais aux Livres sacrés de toutes les autres religions et je pourrais en citer de très nombreux exemples. Il suffirait, par exemple, que dans l'Ancien Testament, il n'y eût que ce texte : « N'est-ce point du mensonge que je tiens dans ma main ? » Pour qu'il soit établi que l'auteur de ce propos acceptait que l'on discutât les choses qu'il écrivait. De même, s'il n'y avait dans le Nouveau Testament que cette parole de Paul : « examinez toutes choses et retenez ce qui est bon » — quelle que soit l'interprétation qu'on en donne — nous serions autorisés à douter. Donner l'impérieux conseil d'examiner toutes choses et de retenir ce qui est bon, c'est admettre le libre examen.

Quand on nous dit : « Je vous parle comme à des hommes raisonnables ; jugez vous-mêmes de ce que je dis », on peut interpréter cela de toutes les façons, il n'en reste pas moins que je suis autorisé, n'y aurait-il que cette parole dans les Livres saints de la tradition chrétienne, à dire : « J'ai le droit d'examiner. »

Et heureusement, un très grand nombre de croyants ne s'en sont pas fait faute, et ils ont examiné avec les moyens de connaissance dont disposent ceux-là mêmes qui les critiquent si fort. Les partisans du criticisme aigu qui arrivent à des négations absolues ne disposent pas d'autres moyens de connaissance que ces théologiens dont M. Guignebert, avec infiniment d'esprit, d'ailleurs, nous a tracé un portrait très amusant. Mais ces pauvres théologiens ont créé précisément cette critique et cette exégèse que M. le professeur Guignebert professe avec tant d'éloquence, avec tant de savoir, avec tant d'autorité, et avec tant de dignité et de loyauté, j'aime à le dire. Mais je me réclame d'une victime de Calvin, de Michel Servet, et d'une autre de ses victimes, de Sébastien Castellion, et je ne peux pas oublier que Sébastien Castellion, pensant qu'en somme les Livres saints de la tradition chrétienne étaient obscurs, avait senti le besoin d'ajouter quelques petites notes au bas des Evangiles ou de certains livres de l'Ancien Testament. A quoi Calvin s'opposait avec véhémence disant que Sébastien Castellion s'arrogeait le droit de corriger ou d'expliquer la parole sacrée.

Mais, Mesdames et Messieurs, cette tendance de Castellion à expliquer des choses qui sont très peu claires à certains égards et, à certains endroits, qui sont contradictoires, qui sont irrationnelles, s'est développée dans les milieux religieux. Et M. Guignebert n'est pas sans connaître la grande école de Leyde, l'école des Kuenen, des Scholte, qui a marqué dans l'histoire de la critique; ces théologiens avaient beau être des théologiens, ils ne s'en sont pas, cependant, montrés moins hardis que l'un quelconque des critiques qui arrivent à des conclusions qui ne sont pas les leurs. Ils sont arrivés à établir que la Bible était composée de livres disparates, qui constituent une véritable bibliothèque, que leurs auteurs les avaient écrits à des époques très diverses, qu'il y avait des couches successives de traditions qui se sont greffées là-dessus et, si je ne me trompe, ce sont les théologiens allemands qui ont établi la critique du premier et du second Elohiste, du premier et du second Jahviste. Il est de toute évidence que si on doit s'amuser, à certains égards, de la mentalité des théologiens, il faut aussi savoir leur rendre ce qui leur est dû. Et ici, je tiens à le déclarer, je ne crois pas que le Livre soit un si grand danger pour les religions qui veulent vivre du Livre ; je crois, au contraire, qu'il leur est un soutien très puissant quand ces religions qui veulent vivre du livre n'en font pas un livre fétiche ou un livre tabou.

Or, étant donné, par exemple, que l'on trouve dans l'Evangile selon Jean, le quatrième évangile, dont l'authenticité, certes, n'est pas établie aux yeux d'un grand nombre et à mes yeux en particulier, étant donné dis-je, que l'on y trouve cette parole de Jésus à ses disciples « qu'il leur a enseigné ce qu'ils étaient en état de saisir, mais que l'Esprit de vérité viendrait et les initierait à la vérité dans la mesure où ils seraient en état de la comprendre », c'est une porte ouverte. On peut interpréter ce texte de toutes les façons, lorsqu'on prend comme guide l'Esprit de vérité, on n'assigne pas de limites au témoignage de cet Esprit, on n'assigne pas de limites aux conclusions qu'il impose. C'est la fenêtre ouverte sur tous les horizons, et les religions de l'avenir qui se basent sur un livre semblable peuvent considérer qu'il y a en lui la légitimation de la libre recherche.

J'avais depuis longtemps relevé que la gerboise et le lièvre, et même le renard, si je ne me trompe, avaient été classés par l'Eternel, lorsqu'il les avait fait entrer dans l'arche de Noé, parmi les ruminants. Mais sous prétexte que l'auteur de ce Livre, qui n'aurait point été reçu à son certificat d'études sous notre troisième Republique, a commis des âneries, ce n'est pas une raison pour décréter que les pauvretés qu'il a écrites sont d'inspiration divine.

L'inspiration, Mesdames et Messieurs, peut prendre une forme infiniment plus belle et plus émouvante, et elle l'a prise devant vous aujourd'hui dans la personne de M. Guignebert et dans ses paroles. C'est parce qu'il a été inspiré directement et puissamment par l'esprit de vérité qu'il a pu nous faire cette superbe, cette magnifique leçon sur la notion que les Eglises ont des Livres saints. Je crois pouvoir dire qu'en cela, je me sens absolument frère de ses idées et de ses convictions et par avance, quel que soit son verdict, je m'incline devant ce qu'il va me répondre. (*Applaudissements.*)

M. le Professeur GUIGNEBERT. — M. Giran, ce que vous me dites m'intéresse très vivement. Vous nous l'avez dit avec une éloquence convaincante et vous avez prouvé ce que je crois moi-même avoir indiqué : c'est que mon exposé aurait besoin d'un certain nombre de nuances et qu'il m'eût été impossible, en traversant un aussi immense espace de temps, d'en explorer tous les coins et, circulant sur une grande route, de voir où conduiraient les sentiers. Par conséquent, je n'ai jamais voulu dire que lorsque tel ou tel poète de la littérature védique écrivait un poème obscène, il avait la prétention de faire retentir la voix de Brahma. Je n'ai considéré le Livre qu'à son point d'achèvement et dans sa fonction canonique. Au demeurant, je suis de votre avis. Il est parfaitement certain qu'un grand nombre, ou si vous voulez même, le plus grand nombre des Livres ont été écrits sans préoccupation de la vérité éternelle. J'ai donc été obligé de styliser, de simplifier un peu.

M. Giran, doucement, m'a reproché d'avoir eu peut-être la dent un peu dure contre les théologiens, en passant : je ne vous dirais pas que j'aime beaucoup les théologiens. Mais je sais ce que je dois, ce que nous devons tous aux théologiens qu'il a nommés, lesquels ne sont peut-être pas en odeur de sainteté dans les milieux théologiques. Je ne crois pas qu'il faille aller chercher autour de Kuenen, ni autour de Holtzmann, si je ne me trompe, ou d'autres comme ceux-là, les positions les plus inattaquables, du point de vue de l'orthodoxie. Je suis très heureux de pouvoir ainsi dire ce que je pense de la méthode critique des théologiens, ou du moins d'une espèce de théologiens, car il y a théologiens et théologiens, comme il y a interprétation et interprétation.

Quant à moi, j'accepte très bien l'interprétation des Livres saints que M. Giran nous propose. Une religion de l'avenir ne peut se fonder sur les Livres qui existent qu'à la condition que les Livres soient entendus comme M. Giran les entend.

La question est de savoir si les Églises orthodoxes acceptent cette manière de voir. Non, n'est-ce pas ? Eh bien, ce n'est pas autre chose que cela que j'ai voulu dire, et vous l'avez bien compris. La méthode que préconise M. Giran, je l'ai indiquée, si vous voulez bien vous en souvenir. J'ai dit qu'il y avait un moyen bien simple de s'arranger avec le Livre, qui était, en dernière analyse, quand on ne pouvait plus se tirer des difficultés qui sortaient de son texte, de le regarder et de dire : « Fort bien, j'écarte, je trie, j'applique mon libre examen ». Sur ce point, nous sommes tout à fait d'accord. Mais alors, nous sommes sortis du texte. Nous ne sommes plus du tout dans l'orthodoxie. Nous sommes sortis du canon. Nous avons suivi la grande route et maintenant nous prenons un autre chemin sur le côté gauche, côté du cœur. De ce côté-là, aussi nous trouvons une grande route ; elle nous mène où notre cœur lui-même nous mènera, peut-être dans l'aimable et tortueuse forêt du sentiment, mais en dehors, en tout cas, de la voie autorisée.

Vous avez bien compris, n'est-ce pas, que je faisais toutes réserves sur les droits du libre examen, que je faisais toutes réserves sur les droits de l'interprétation personnelle. Sur ce point, comme sur le reste, nous sommes tout à fait d'accord.

CHARLES GUIGNEBERT,
Professeur à la Sorbonne.

Imprimerie du Palais, 20, rue Geoffroy-l'Asnier, Paris.

www.ingramcontent.com/pod-product-compliance
Ingram Content Group UK Ltd.
Pitfield, Milton Keynes, MK11 3LW, UK
UKHW022109260726
13993UKWH00001B/408